Christ Our Saviour

人類的救主

懷愛倫　著

蔡書紳　譯

序

本書為美國著名宗教作家懷愛倫夫人所著，曾譯成十餘種文字，暢銷各國。數十年前，譯成中文，名為《基督實錄引義》，問世以來，不脛而走。茲應各方需要，特請蔡書紳根據原文鄭重重譯，增加插圖，並改今名為《人類的救主》。

書中情節，均係引證自新舊約聖經。詳論人類救主——耶穌基督——之降生為人，傳道服務，受難捨身，復活升天，以及將來復臨，振興萬物，重建世界新秩序等真理；令人神志清明，迷途速返，誠為今日亂世之佳音也。

深望讀者能從本書獲得安慰，建立信仰，接受救恩，俾可享受永生洪福，是為序。

親愛的讀者

生活在這個充滿仇恨、罪惡、天災人禍及戰爭的世界，有時我們難免被孤單、恐懼所困；毀滅、死亡潛伏在我們四圍，我們無處可以藏躲，生命中每個重大的問題我們都得獨自承擔。

我們在求生的奮鬥中，覺得孤單無助；在婚姻破裂時覺得孤單，在面對死亡時，我們更覺得孤單恐懼。

聖經記載所羅門王曾擁有巨大財富、高位、智慧，勝過世上一切的人。但在他年老時，卻感嘆說：「後來我察看我手所經營的一切事，和我勞碌所成的功，誰知都是虛空……在日光之下一切都是虛空。」

即使有國王的高位、財富、學識，也無法帶給人真正的平安，或延長人的壽命。

聖經說：「起初上帝創造宇宙萬物，並照著祂的形像造人類的始祖——亞當、夏娃。上帝對他們說：你們要生養眾多，遍滿地面」。從亞當、夏娃生兒育女，一代傳一代至今地球遍滿了人類。因人類是上帝創造的，所以我們都是祂的兒女，祂是我們的天父。因此，我們應感恩敬拜造我們的上帝。

本來上帝造亞當、夏娃是聖潔無罪的，不會死亡的，但後來因他們不順從上帝的話而犯罪了，他們的罪性就遺傳給後代的子孫。我們一出生都有原罪，因此，我們都是罪人，都會死亡——永遠的滅亡。

真感謝上帝的大愛，不忍見我們人類滅亡，就犧牲祂的愛子耶穌來替我們死，拯救凡願信祂的人不至滅亡，反得永生。

期盼讀者能用心研讀這本「人類的救主」。書中情節，均係引證自新舊約聖經，詳述耶穌是神子，並道成肉身為人。祂周遊四方行善事，醫病趕鬼，使死人復活，最後祂被惡人釘在十字架上，三日後祂復活，然後升天。將來世界末日時，祂會再來審判用火燒滅惡人。祂要重新造一個新天新地給義人永遠居住，以後再也沒有罪惡、流淚、病痛、死亡的事了。這實在是您我處在這亂世的最大福音。

親愛的讀者，願您耐心讀完這本《人類的救主》，您將被天父耶穌的捨身大愛所感召，接受祂為您個人的救主，今生蒙祂保佑，來生可享受永生洪福，阿們！

時兆出版社編輯部謹誌・二〇〇八年十二月

路錫甫的墮落

路錫甫尚未叛變之前在天上乃是一位崇高的天使，在尊榮上僅次於上帝的愛子。他的容貌像其他天使一樣，是溫和而帶有快樂表情的。他的額頭又高又寬，表明他有強大的智力。他的體格是健全的；他的風度高貴而威嚴。他臉上煥發出一種獨特的光輝，向四處照耀，比其他天使的光輝更加明亮、更加美麗；然而上帝的愛子基督卻在天使全軍之上居首。在眾天使尚未被造之前，祂與父原為一。路錫甫妒忌基督，便逐漸僭取了基督所獨有的指揮權。

那偉大的創造主招聚了天庭的全軍，以便在眾天使面前將特別的尊榮賜予祂的兒子。聖子與聖父同坐寶座，天上的全體聖天使都聚集在祂們周圍，於是聖父聲明祂曾親自命定祂的愛子基督與祂同等；因此祂的兒子在哪裏，也就等於祂在那裏。聖子的話應當像聖父的話一樣，欣然為眾生所遵奉。祂已經將指揮天庭全軍的權柄授予祂的兒子。祂的兒子特別要在創造大地以及其一切生物的工作上與祂自己聯合。祂的兒子將要執行祂的旨意與計畫，但決不憑自己的行為行事。聖父的旨意將要成全在聖子身上。

路錫甫妒忌耶穌基督。然而當眾天使都向耶穌下拜，承認祂的至高與無上權威，及合法的統治時，他也和他們一同下拜；但他的心中依然充滿了嫉妒與仇恨。上帝曾經為祂的計畫與基督進行特別的商議，但路錫甫對這些計畫卻不得而知。他既不明瞭，也無權獲知上帝的計畫。但基督卻是公認的天國主宰，祂的能力和權柄要與上帝相同。路錫甫以為他自己乃是在天國眾天使中最蒙寵愛的。他曾被擢升得到高位，但這並沒有使他感激並頌讚他的創造主，他渴望著屬於上帝的崇高地位。他竟以自己的高位自豪。他知道他是眾天使所尊敬的。他有特別的任命要執行。

他曾接近那位偉大的創造主，而那環繞著永生上帝的無限光輝也曾特別照耀在他身上，他想到眾天使曾經如何樂意慇懃奉行他的命令。他的衣袍豈不是光明而美麗的嗎？何以基督要受尊敬過於他自己呢？

路錫甫既不知足而又充滿妒忌耶穌基督的心，便離開不侍立在聖父的面前。他隱瞞著自己的真意，召集了天使全軍。他提出了他的問題，就是關於他自己的事。他以一個受委屈者的態度說明上帝如何偏愛了耶穌而疏忽了他。他告訴眾天使，他們過去所享有甘美的自由就此終止了。因為上帝豈不是已經委派了一個統治者來管理他們，要他們今後必須屈從於祂嗎？他向他們聲明：他召集他們的目的，乃是要向他們保證今後不再容忍這種侵犯他和眾天使之權利的行為；他絕不再向基督屈膝；他要自己爭取那本應歸於他的尊榮，而且他也要作凡願跟從他並聽他話之天使的指揮。

天使中間就起了鬥爭。路錫甫和他的從者想要改革上帝的政體。他們不知足、不快樂，因為他們不能探明祂無窮的智慧，也不明瞭祂高舉祂兒子並賜給祂無限的能力與指揮權的旨意。他們背叛了聖子的權威。

忠實真誠的天使曾力圖勸解這個大有勢力的叛逆的天使順服他創造主的旨意。他們為上帝尊榮祂兒子的行為辯護，並以有力的論證設法要說服路錫甫；他現在所有的尊榮，較比他在聖父宣佈將尊榮授予祂兒子之前所有的毫未減少。他們清楚地指明基督乃是上帝的兒子，在天使尚未被造就早已與祂同在；並永遠站在上帝的右邊，而且祂那和平慈愛的權威，在此以前從未被懷疑過；何況祂過去所發的命令都是天庭全軍所樂於執行的。他們強調基督當著眾天使從天父所領受的特別尊榮，並不減損路錫甫所素來享有的尊榮。眾天使痛哭了。他們熱切地設法要感化他放棄他那邪惡的心意，並服從他們的創造主；因為在此以前一直都是平

安與和諧的，究竟是甚麼引起這個不協調的叛逆之音呢？

路錫甫不肯聽勸。於是他轉離了那些忠實真誠的天使，痛斥他們為奴才。這些效忠上帝的天使既看到路錫甫在發動叛逆的事上成功，就大為震驚。他應許為他們建立一個比過去更好的新政權，使大家都享有自由。有很多天使表示決心接受他為他們的領袖和元帥，當他看到自己的計謀有了相當成效時，他妄想他終必博得全體天使的支持，他終必與上帝同等，並且終必發號施令，指揮全天庭的軍隊了。忠實的天使再度警告路錫甫，向他說明他堅持這種立場的必然後果；並且說明那能創造眾天使的主也能用祂的大能推翻他們一切的權柄，並以明顯的方式刑罰他們的大膽無禮與可怕的叛逆。想想看，一個天使竟膽敢抗拒那與上帝一般神聖的律法。他們警告叛逆的天使掩耳不聽從路錫甫狡猾的理論，並勸他和一切受他影響的天使去到上帝面前承認他們的過錯，就是竟敢存有懷疑上帝權威的思想。

在同情路錫甫的使者中，有許多願聽從忠實天使的勸告，並悔改自己不滿之罪而再蒙聖父和祂愛子的信任。這時那大有勢力的叛徒聲稱他熟悉上帝的律法，而且如果他卑躬屈從的話，他的尊榮就必被剝奪，再也沒有崇高的任務交託給他了。他告訴他們說：他自己和他們都已經走到無可挽回的地步了，所以他寧願冒不計任何後果之險，而決不低頭屈服敬拜上帝的兒子；上帝是不肯赦免他們的，所以他們現在必須維護他們的自由，並用武力爭奪上帝所不樂意給予他們的地位和權柄。（註：路錫甫，即「明亮之星」，分享上帝的榮耀，並侍立在祂寶座前的一位天使，就是這樣因犯罪而成了「撒但」，成了上帝和一切聖者的仇敵。《先祖與先知》第九頁）

忠實的天使急忙趕到上帝兒子那裏，向祂報告那在眾天使當中所發生的事。他們發現聖父正在與祂的愛子進行會商，要決定如何為顧全忠實天

使的最高利益，永遠遏制撒但所僭取的權柄。而偉大的上帝原可立即將這大騙子從天上摔下去；但這不是祂的旨意。祂要讓叛逆的天使有平等的機會，與祂的兒子和祂的忠實天使較量一下。在這場戰爭中，每一個天使要自行決定站在那一邊，並公開表明其立場。為確保安全起見，就不能容忍凡與撒但共謀叛逆的天使繼續留在天庭。他們已經獲悉那真正背叛永不改變之上帝律法的教訓。那是無可挽救的。如果上帝使用祂的權能去懲罰這叛逆的魁首，那些憤憤不平的天使就不能顯明出他們的情形來；所以上帝採取了另一種方針，因為祂要向天庭的全軍清楚地彰顯祂的秉公行義。

天上有了爭戰

背叛上帝的政權乃是最嚴重的罪行，全天庭似乎都震動了，眾天使排列成隊，各隊都由司令的天使帥領。撒但正在與上帝的律法作戰，因為他存高抬自己的野心，而不願服從上帝的兒子，就是天上大元帥的權威。

天庭的全軍都被召集到上帝的面前，以便對每一案情作成決定。撒但厚顏無恥地聲明他不滿於基督的擢陞超越他。他驕傲地站了起來，力陳他應與上帝同等，並應與天父一同參加會議，明瞭祂的一切旨意。上帝告訴撒但；祂的隱密旨意衹啟示給祂的兒子，而且祂要天庭全軍，連撒但也在內，都毫無保留且毫無疑問地順服祂；然而他（撒但）卻已經顯明自己不配在天上保有一席地位了。於是撒但耀武揚威地指著他那為數近乎全體天使一半的同情者，喊叫說：「這些都是支持我的！難道祢也要驅逐這些天使而使天庭有如此的空虛嗎？」他隨即聲明他準備抗拒基督的權威並以武力維護他在天庭的地位，以勢力對抗勢力。

善良的天使聽了撒但的話和他那狂妄的誇口，就流淚痛哭。上帝宣布一切叛徒都不得再留在天庭。他們原來所有崇高和幸福的地位，乃是以順

服上帝所用以管理高級生靈之律法為條件的。並沒有為凡膽敢違犯祂律法的，預先準備得救的方法。這是撒但所忍受不了的。撒但在叛逆的路上越發膽大妄為了，竟公然表示蔑視創造主的律法。他主張天使不需要任何律法，而應任由他們隨從自己的心意，心意必能永遠指引他們行走正路；他聲稱律法乃是限制他們自由的，而他所採行動的目的就是要廢除律法。他認為眾天使的景況需要改進。但上帝的心意不是如此，因為祂已經制定律法，並將之高舉與祂同等。全體天使的幸福乃在於完全順服律法。每一個天使都有指定給他的特殊工作，而且直到撒但叛變為止，天上始終是有完善秩序與和諧行動的。

於是天上有了爭戰。上帝的兒子，就是天上的大君，與祂忠實的天使同那叛首和那些與他聯合的使者交戰了。結果上帝的兒子和真誠忠實的天使得勝；撒但和他的黨羽就被逐出天庭。天庭全體都承認並敬拜公義的上帝。天上沒有留下一點叛逆的餘毒，一切都像以前一樣安寧和諧了。天上的使者為那些曾經在幸福與極樂中作他們同伴者所遭受的厄運而悲傷。天庭深深感受到這一次的損失。

聖父與祂的兒子商議，要立即執行祂們創造人住在地上的計畫。祂要先給人類一個試驗時期，以便在他得以永保安穩之前測驗他的忠誠。如果他受得起上帝所認為適於加在他身上的考驗，他最終便要與天使同等。他將要得蒙上帝的眷愛，並要與天使互相交通來往。但祂並不認為將他們置於背逆權勢之外是合適的。

創造 【本章根據創世記第一章】

聖父與聖子共同進行他們所設計的偉大奇妙的工作——創造世界。這地球從創造主手中被造出來時原是非常美麗的。有山巒丘陵和平原；其中分佈著江河湖泊。大地並不是一望無際的平原，以致風景單調；卻穿插著小崗和大山，不像今日那樣嶮峻崎嶇，而是勻稱美麗的。其上看不到赤露的大岩石，因這些岩石都在地面之下，作為大地的骨骼。水的分佈也是很均勻的。大小山崗和極為美麗的平原上點綴著各種各色的花草和高大雄偉的樹木；這些樹木較比現今的樹木高大多倍，而且更為美麗。那裏的空氣是純潔而有益健康的，全地宛如一所華貴的宮廷。眾天使看到上帝奇妙而美麗的作為，便感到欣喜。

聖父與聖子在大地和其上的動物造齊了之後，便執行了他們在路錫甫（撒但）墮落之前所擬定的計畫，要按照祂們自己的形像造人。祂們曾在創造大地和其上各種生物的事工上同工合作。這時上帝對祂的兒子說：「我們要照著我們的形像造人。」當亞當從他的創造主手中出來的時候，他是高貴而魁偉，俊美而勻稱的。他比較現今住在地上的人高出一倍有餘，而且十分均衡。他的相貌 完美。他的膚色不白、不黃，乃是紅潤而煥發著健康的光彩。夏娃身高不及亞當，她的頭略高過他的肩。她也是高貴、勻稱，而極其美麗的。這一對無罪的夫婦沒有穿著人造的衣服，他們都披著一層榮光，像天使所穿著的一樣。當他們順從上帝的時候，這一層榮光常包圍著他們。雖然上帝所造的一切都是完美的，而且地上似乎並不缺少任何足以使亞當、夏娃快樂的東西，但上帝還要特別為他們設立一個園子，藉以顯示祂對他們的大愛。他們要用自己一部分的時間來從事修理園子的愉快工作，再用一部分時間接待前來訪問的天使，聽取他們的教訓，並作快樂的沉思默想。他們的操作並非使人厭倦，而是令人心曠神怡的。這個美麗的園子要作為他們的家。

主在這園子裏栽種了各種有用的和美麗的樹木。有許多樹滿載豐美芳香、悅目可口的果子，是上帝給那對聖潔夫婦作食物的。那裏有亭亭玉立的葡萄樹，樹上結滿了人類墮落以來所從未見過的果實。這些果實飽滿肥大，色彩繽紛；有的幾乎是黑的，有的是紫色、紅色、紛紅色和淡綠色的。這生長在籐枝上的豐美果實被稱為葡萄。樹枝既不需要木架支持，也不是蔓生在地上的，但果實的重量卻使枝條下垂。亞當、夏娃愉快的操作乃是將葡萄樹的枝條作成美麗的涼亭，並加以修整而利用自然界活的樹木和滿載香甜果實的枝葉構成自己的住家。

全地蓋上一層青翠的草木，並有無數萬紫千紅的芬芳花卉大量滋生環繞著。各樣事物都是依照崇高的鑑賞力而佈置得富麗堂皇。園子當中有生命樹，它的榮耀超過其他一切的樹木。它的果子好像是金銀參半的蘋果，能使人長生不老，葉子具有醫治之能。

亞當、夏娃在伊甸園

那對聖潔的夫婦在伊甸園是很快樂的。他們賦有對一切生物的無限管理權。獅子和羊羔和平而毫無傷害地在他們身邊玩耍，或在他們的腳前安睡。長著各式各色羽毛的飛鳥在亞當、夏娃四圍並在花木叢中來回飛躍，同時牠們甜美的歌聲也在枝頭樹間彼此呼應，頌讚牠們的創造主。

亞當、夏娃因他們伊甸家園的美麗而欣賞出神了。他們非常喜愛四圍那些帶著鮮艷羽毛而歌唱著喜樂樂曲的雀鳥。那對聖潔的夫婦便為了周圍愛的表徵，和他們一同揚聲向天父和祂的愛子唱和著敬愛、頌讚與崇拜之歌。他們看出了自然界的秩序與和諧，這一切都向他們說明那無限無窮的智慧與知識。他們不住地發現伊甸家園新的美和新的榮耀，使他們心中充滿更深的愛情，口裏發出感謝和尊敬他們創造主的話。

悖逆的後果

在園子當中，靠近生命樹那裏，有分別善惡的樹。這棵樹乃是上帝所特別設置，作為人類始祖順服、信靠，並敬愛祂的保證物。主吩咐我們的始祖不可吃，也不可摸這樹上的果子，免得他們死。祂告訴他們，除了這一棵樹之外，他們可以隨意吃園中各樣樹上的果子，但如果擅自吃了那一棵樹上的果子，他們就必定死。

在亞當、夏娃被安置在那美麗的樂園中時，他們所能想到一切足以增進自身幸福的事物，全都有了。但上帝卻在祂全智的安排中，定意要在使他們永保安全之前，先試驗他們的忠貞。他們要得蒙祂的恩寵，祂也要常和他們互相交談。然而祂並沒有使他們不能接觸邪惡。撒但得蒙准許來試探他們。如果他們經得起這種考驗，他們便可永遠得蒙上帝和眾天使的恩寵。

撒但對於自己新的狀況非常驚異。他的幸福消逝了。他觀看那些曾經一度和他一同非常快樂，但後來卻和他一齊被逐出天庭的眾使者。在他們墮落之前，他們美好的福樂從未受過少許不滿心情的影響。如今一切似乎是都改變了，那一度反映創造主形像的容貌變成憂鬱和絕望了。他們當中起了紛爭、並苦毒的互相責怪。在他們叛變之前，這一類的事都是天庭未曾聽聞過的。撒但這時看出了他悖叛的惡果，他不禁戰慄起來，不敢展望未來，也害怕思考這些事的結局。

歡唱頌讚上帝和祂愛子之快樂詩歌的時辰到了。撒但曾經領導過天上的歌詠隊。他曾經唱出第一個音調；然後全體天使與他同聲歌唱，使優美的音樂響徹天庭，將榮耀歸給上帝和祂的愛子。然而這時，那大叛逆魁首所聽見的不再是和美的旋律，而是紛爭和怨憤的話語。他究竟置身何

處？這是不是一場噩夢？他真的被排斥於天庭之外了嗎？難道天國的門戶永遠再不敞開讓他進去了嗎？崇拜的時辰即將來臨，那時有光明、聖潔的天使在天父面前屈身下拜。他卻不再唱天國的詩歌了。他不再以崇敬與聖潔畏懼的心情在永生上帝面前屈身下拜了。

如果他能再像從前那樣純潔真誠和忠實的話，他就必欣然放棄他那自取的權威。可惜他已經淪亡了！他已因妄自背叛而無可挽救了！他還勾引別的天使共同叛變，以致和他同陷滅亡之境，這些天使在他向他們灌輸不正當的思想，並提出可享有更大利益，與更高、更光榮的自由之前，從未想到要懷疑上帝的旨意或違犯上帝的律法。這正是他所用以欺騙他們的詭計。現在有重大的責任在他身上，而是他所樂願擺脫的。

這些生靈已因失望而急躁不安起來。他們非但沒有獲得更大的利益，反而嘗到違背並蔑視律法的苦果。這些不幸的生靈再也不能受耶穌基督的寬大統治所支配。他們的心靈再也不致因祂與他們同在而為深摯的仁愛，和平安與喜樂所鼓舞，也不再以樂意的順從和恭敬的崇拜報答祂。

撒但請求復職

撒但觀察到自己所作所為，便不禁戰慄起來。他獨自思量過去、現在與將來的計畫。他那魁梧的體格好像被狂風吹撼而顫動起來了。一位從天而來的使者經過那裏，他便招呼他並且要求會見基督。他的要求得蒙允許。於是他向上帝的兒子說明他後悔自己的叛逆，希望能再蒙上帝的恩寵。他願意接受上帝原先所派給他的地位，聽從祂明智的指揮。基督聽到撒但的苦況哭了，但卻告訴他：按照上帝的意思，他永不能獲准進入天庭。決不可將天庭置於危險之中。如果他蒙准能返回，則全天庭將要受到損害，因為罪惡和叛亂乃是由他創始的。他骨子裏依然存有叛逆的惡種。原來他此次叛亂行為乃是毫無理由的，而且他非但已經無可挽救

的敗壞了自己，還敗壞了大群的天使；如果他保持忠誠不移，那麼他們現在就必都在天庭享受安樂了。上帝的律法只能定罪，不能赦罪。

他懊悔自己的叛逆，並不是因為他看出他已辜負了上帝的良善。自從他墮落以來，他對上帝的敬愛不可能有所增進，以導使他欣然順服，並樂意遵守祂那被藐視的律法。他之所以擔憂的原因，乃是由於喪失天庭美妙光明而感到的苦悶，與那壓在他身上的罪惡感，以及因發現夢想並沒有實現所體驗到的失望。在天庭之外作個司令，遠不如在天庭榮膺這個職位。他既已喪失天庭一切的特權，就認為是太大的損失。所以他希望能恢復這一切。

這一在地位上的重大改變，沒有增進他對於上帝或對於祂明智與公義之律法的敬愛。及至撒但深信他不可能恢復到蒙受上帝眷愛的地位時，他便以更深的仇恨和激烈的憤怒表示他的狠毒。

上帝知道如此倔強的叛徒決不會潛服不動的。撒但定要設法攪擾天上的使者，並表現對於祂權威的蔑視。他既不能進入天庭的門戶，就想逗留在門外，以便在眾天使進出的時候嘲弄他們，試圖向他們挑戰。他要設法破壞亞當、夏娃的福樂。他要盡力挑唆他們進行叛逆，知道這樣就必使天上充滿憂傷。

陷害人類的陰謀

他的追隨者來找他了，於是他便振起精神，裝作不服的樣式，向他們說明他打算將高貴的亞當和他的配偶夏娃從上帝手中奪過來。如果他能設法誘惑他們違命，上帝就必作某種安排，藉以使他們得蒙赦免，於是他和所有墮落的天使都必有機會同他們共享上帝的憐憫了。如果這個計畫失敗的話，他們可與亞當、夏娃聯合，因為他們二人一旦干犯上帝的律

法，就必成為上帝忿怒的對象，正像他們自己一樣。他們二人的犯法必使自己也陷入叛逆的狀態之下，惡使者便可與亞當夏娃聯合佔據伊甸園，作為他們的家鄉了。如果他們能取用園子當中生命樹上的果子，他們想自己的力量必能相當於聖潔天使的力量，連上帝也無法將他們驅逐出去了。

撒但和他的惡使者進行了會商。他們沒有全然立即同意參加這一個危險而可怕的工作。他告訴他們決不倚靠他們任何一個使者完成這一番工作，因為他想惟有他自己才有足夠的智慧去進行這一個十分重要的計畫。他希望他們考慮這事，同時他卻要離開他們，退隱一時，去小心完成他的計畫。他企圖向他們強調：這是他們最後與唯一的希望。如果他們在這事上失敗了，那麼一切重得及控制天庭——或上帝的創造中任何一部分的期望都要歸於幻滅了。

撒但獨自退到一處去審慎完成他的計畫，務期必然確定造成亞當與夏娃的墮落。他擔心自己的計策可能失敗。再者，縱使他在引誘亞當、夏娃違背上帝的誡命，而致成為干犯祂律法之人的事上獲成功了，但其結果他自己仍然得不著甚麼好處；他自己的情況既無從改善；而他的罪戾則惟有加深。

撒但一想到要使這對聖潔幸福的夫婦陷於他自己所遭受的痛苦與懊惱之中，就不禁戰慄起來。他似乎有些猶豫不決；一時堅決肯定，一時又遲疑徬徨。這時他的使者又來找他——他們的領袖，要向他說明他們所作的決定。他們願與撒但聯合進行他的計謀，並和他一同負責承受後果。

撒但擺脫他絕望和軟弱的感覺。他既身為他們的領袖，便要鞏固自己，強悍地幹下去，並盡全力抗拒上帝和祂兒子的權威。他將他的計畫向他

們說明。如果他肆無忌憚地來向亞當、夏娃控訴上帝的兒子，他們當時決不會聽他，而必定要有所準備來應付這種攻勢。即使他企圖仗賴新近曾是大有權勢的天使，因而以他的能力來威嚇他們，也必一無所成。所以他決定藉狡猾和欺詐的手段，來達成武力或強權所不能達到的目的。

亞當夏娃受警告

上帝召集了天使全軍，要採取措施來防止這即將來臨的災禍。天上的議會決定派遣天使到伊甸園去警告亞當，告訴他有遭受仇敵攻擊的危險。兩位天使迅速前往訪問我們的始祖，那對聖潔的夫婦以令人欣喜的天真接待了他們，並向他們的創造主表示感恩的謝意，因祂以如此豐厚的恩惠環繞他們。每一樣美麗可愛的東西都是供給他們享受的；而且樣樣都很適合他們的需要；但在一切其他福惠之上，他們所最珍視的乃是與上帝的兒子和眾天使的交往，因為他們每次來訪問。他們二人總有很多話論到他們在可愛的伊甸家園中對自然界美景的新發現，要向他們講述，同時他們還有許多有關他們所祇能隱約明瞭之事的問題要問。

天使們親切而和藹地將他們所渴望的知識傳給他們。同時也告訴他們撒但叛逆和墮落的慘史。隨後他們便明白地告知他們二人，那分別善惡的樹安置在園中，乃要作為他們順服並敬愛上帝的保證；聖天使得以保全崇高而幸福的地位，乃以順命為條件；他們二人也處於相同的地位；他們可以順服上帝的律法而享有無法形容的快樂，也可以違背因而喪失他們崇高的地位，以致陷於無可挽救的絕望之中。

他們告訴亞當、夏娃：上帝決不強迫他們順服——祂並沒有剝奪他們違背祂旨意的權限；他們乃是能辨別是非的人，可以自由地順命或違命。目前上帝的美意祇向他們執行一項禁令。如果他們干犯上帝的旨意，他們就必定死。他們告訴亞當、夏娃：那地位最崇高而僅次於基督的天

使，曾拒絕順從上帝所制定用以管理天上生靈的律法；這次的叛逆終在天上引起了戰爭，結果那悖逆的天使從那裏被驅逐出去，而且每一與他勾結懷疑偉大之耶和華權威的天使也被趕出天庭；如今這個墮落了的仇敵，乃是一切關心上帝和祂愛子利益之生靈的仇敵。

他們告訴他們二人：撒但蓄意要陷害他們，所以他們必需戒備，因為他們可能與那墮落的仇敵發生接觸；然而祇要他們順服上帝的命令，他就無法傷害他們，因為如有必要，天上的每一個天使都必來援助他們，不讓他加害於他們。但如果他們違背了上帝的命令，撒但就有權時常來騷擾、迷惑，並麻煩他們了。如果他們始終堅定應付撒但初步的侵襲，他們便可像天上的使者一樣安全無虞。但如果他們向那試探者讓步，那位既不寬容崇高天使的主也決不會寬容他們。他們必須受自己犯罪的刑罰。因為上帝的律法是與祂自身同樣神聖的，所以祂要一切在天上和在地上的都絕對順命。

天使警戒夏娃在工作時不可離開丈夫，因為她可能遇見這個墮落的仇敵。如果彼此分開了，他們就要比同在一起時危險更大。天使囑咐他們要嚴格地遵守上帝關於分別善惡樹所給他們的指示，因為他們完全順命就是安全的，這墮落了的仇敵也就沒有能力欺騙他們。上帝不容許撒但不斷用試探進逼那對聖潔的夫婦。他祇能在分別善惡樹那裏接近他們。

亞當、夏娃向天使保證他們決不違犯上帝的明令，因為他們以遵行上帝的旨意為至樂。於是天使和亞當、夏娃同聲唱出和諧的聖樂，當他們的歌聲從幸福的伊甸園發出時，撒但也聽見了他們頌讚聖父與聖子的快樂歌聲。他一聽見了，他的妒忌、仇恨和怨毒便隨之激增，於是他向他的從者表示迫切的決心，要唆使他們（**亞當、夏娃**）違命，以便上帝的忿怒立即降在他們身上，致使他們頌讚詩歌變為對創造主的怨恨與咒罵。

試探與墮落【本章根據創世記第三章】

撒但取了蛇的形狀，進入伊甸園。蛇原是一種長著翅膀的美麗的動物，在空中飛翔時宛如一道金光。它不是在地上爬的，卻到處往來飛行，並像人一樣以果子為食物。撒但進入了蛇身，並盤據在那分別善惡的樹上，從容地開始食用其上的果子。

夏娃起初不知不覺地在工作時離開了她的丈夫。當她發覺這一事實時，雖然感到自己或許有危險，但她卻又想到自己即使未曾留在丈夫身邊，依然是安全的。她自以為有智慧和能力知道何時有禍患臨到，並予以應付。天使曾經警告她不可如此行。不久夏娃發現自己竟以好奇和讚賞的心理凝視著禁樹上的果子。她看到那果子是可愛的，於是便自己推想著：為甚麼上帝那麼明確地禁止他們不可吃也不可摸呢？這正是撒但的機會。他似乎是能猜中夏娃的心事，就對她說：「上帝豈是真說，不許你們吃園中所有樹上的果子嗎？」他這樣用柔和悅耳的話語，並以有如音樂般的聲調向驚奇的夏娃講話，她一聽到蛇講話就吃了一驚。蛇稱讚她的美麗與非常可愛，這在夏娃聽來很舒服、悅耳。但她驚異不置，因為她知道上帝並沒有賜給蛇有講話的能力。

夏娃的好奇心被引動了。她非但沒有立時逃避，反而要傾耳聽蛇講話。她沒有想到這可能就是那墮落的仇敵利用蛇為媒介。事實上講話的並不是蛇，而是撒但。夏娃受了誘惑、聽了諂媚的話，就被迷住了。如果她遇見一個有威儀而形狀姿態與天使相似的人物，她就必有所警惕了。那陌生的聲音本應促使她趕緊回到她丈夫身邊，去問他為甚麼那蛇竟如此熟稔地向她講話。但她卻與那蛇辯論起來。她回答他的問題說：「園中樹上的果子我們可以吃；惟有園當中那棵樹上的果子，上帝曾說：你們不可吃，也不可摸，免得你們死。」蛇回答說：「你們不一定死；因為

上帝知道，你們吃的日子眼睛就明亮了，你們便如上帝能知道善惡。」

撒但要灌輸這一思想：他們吃了禁果，便可得到一種新奇而更為高貴的知識，是他們前所未有的。自從他墮落以來，這一直是他的特殊工作──就是要誘導使人窺探全能者的隱祕，對上帝所啟示的表示不滿，對祂的吩咐不留心遵守。他要引誘他們違犯上帝的命令，然後使他們相信他們正進入了奇妙的知識園地。這完全是幻想，也是卑鄙的欺騙。他們不明白上帝所曾經啟示的，並且無視於祂明確的命令，而渴望不靠上帝就得著智慧，並尋求明白祂憑自己美意所沒有給與人類的。他們因自己的進步思想而自鳴得意，並因自己虛幻的哲學而心醉神迷，但對於真的知識卻正如在深夜中摸索一般，他們「常常學習，終久不能明白真道。」（提後3：7）

上帝的旨意原是不要這對無罪的夫婦具有任何罪惡的知識。祂曾大量地將善的知識賜給他們，卻扣留了惡的。夏娃認為蛇的話是有智慧的，並接受了那大膽的主張：「你們不一定死，因為上帝知道，你們吃的日子眼睛就明亮了，你們便如上帝能知道善惡」──竟將上帝當作是說謊的。撒但膽敢暗示說上帝已欺騙了他們，要限制他們免在知識上提高而與祂自己同等。上帝說：你們吃了，就必定死。蛇卻說，你們吃了「不一定死」。

那試探人的向夏娃保證：她一吃了那果子，就必得著一種新的更高超的新知識，足以使她與上帝同等。他請她注意他自己。他隨意地吃了那樹上的果子，發現它非但毫無害處，而且美味可口，興奮異常，並告訴她上帝之所以不許他們嘗也不許他們摸它，乃是因為它含有授與智慧和能力的奇妙質素，因為上帝深知它這奇妙的特質。他說明他獲得說話能力的原因，就是因為他吃了上帝所禁止他們吃的那棵樹上的果子。他示意

説上帝不會真按照祂的話而行。那祇是一種恫嚇，要脅迫他們不敢爭取高尚的利益。他更告訴他們説他們是不可能死的。他們不是吃過了那使人長生不老之生命樹的果子嗎？他説上帝是欺騙他們，要阻止他們進入更高尚的福境和獲得更卓越的福樂。那試探人的將果子摘了下來，遞給夏娃。她把它接到手裏。那試探人的説道：你看，你們本來連摸這果子都不可以，免得你們死。他告訴她説，她就是吃了這果子，也不會比摸它的時候更有遭殃或死亡的感覺。夏娃因為當時沒有感到上帝不喜悅的徵兆，便壯起膽來了。她認為那試探人所講的話都是聰明正確的。她吃了，並且感到那果子是令人喜愛的。那果子既美味可口，同時她也想像自己心內已經體驗到它的奇妙功能。

夏娃變成試探人的

於是她就自己摘下果子來吃了，並以為自己已感到那禁果興奮的影響，似乎產生了一種新奇高超生活的活力。當她雙手捧著那禁果去找她丈夫時，她是在一種奇特而不自然的激奮之中。她向他述説了蛇的智慧言談，並希望立即將他帶到那分別善惡樹那裏去。她告訴他説：她已經吃了那禁果，非但毫無死亡的感覺，反而體驗到一種愉快的興奮的效力。夏娃一旦違命，她就成為造成她丈夫敗亡的有力媒介了。

我看見亞當臉上湧現一陣愁容。他顯出恐懼震驚。他心裏顯然在進行著鬥爭。他告訴夏娃他確信這就是他們所曾經得到警告要防備的仇敵，果真是的話，她就一定會死。但她卻向他鄭重説明：不但毫未感到不良的影響，反而覺得有一種極美好的效能，並勸亞當也吃。

亞當十分明瞭他的配偶已違犯那用以考驗他們的忠貞和愛心的唯一禁令。夏娃分辯説：那蛇説他們不一定死，他的話必是真的，因她並未感到上帝不喜悦的徵兆，反而具有一種她所想像是眾天使所有的愉快感。

亞當懊悔夏娃離開了他身邊，但現在事情已成定局，他必須與他所深愛而朝夕相處的配偶分離了。他怎能忍心這樣作呢？他對夏娃的愛情是堅強的。於是他在全然灰心絕望之下決定與夏娃共存亡。他推想夏娃乃是他的一部分，既然她必須死亡，他也要和她同死，因為他不忍與她分離。他缺少對慈悲仁愛之創造主的信賴心。他沒有想到那位從地上塵土中將他造成具有活潑英俊的形體，又曾造出夏娃作他配偶的上帝，足能供補她的遺缺。那條聰明的蛇的話不可能是真的吧？這時夏娃站在他的面前仍像在沒有違命之前一樣地美麗可愛；也似乎是一樣的天真無邪。她向他表示了較比在違命之前更大更高的愛情，作為她吃了禁果的功效，而他在她身上也看不出甚麼死亡的跡象。她向他述說那果子所給予的快感，以及她是如何地熱烈愛他，因此他便決意冒險不顧後果。他接過果子來很快地吃了，也像夏娃一樣，並沒有立時感到不良的影響。

夏娃曾以為她自己足能分辨是非。那進入更高知識境地的過分希望，曾導使她認為那蛇乃是極其關心她利益的特殊良友。如果她曾事先尋找她的丈夫，二人一同將蛇的話告訴他們的創造主，他們就必立即脫離蛇的狡猾試探了。主不願他們去考查那分別善惡之樹的果子，因為那樣，他們就必遇到那帶有假面具的撒但了。祂明知如果他們不去摸那果子，他們就必絕對地安全無虞。

人的自主權

上帝曾將有關分別善惡樹的事指教我們的始祖，他們也曾得到充分的指示論到撒但的墮落，以及聽從他建議的危險。祂並沒有剝奪他們吃那禁果的力量。祂讓他們可以自由地相信祂的話，聽從祂的命令而得以存活，或相信那試探人的，因而違命自取滅亡。結果他們二人都吃了，而他們所得的大智慧，卻是罪惡的知識和有罪的感覺。那掩護他們的光輝很快就消逝了，於是他們就感到自己有罪，並因失去那神聖掩護而不禁

顫抖了，他們便設法要遮蓋他們的赤身露體。

我們的始祖寧願聽從他們所自以為蛇的話；其實蛇並沒有給他們甚麼愛的明證。他並沒有為他們的幸福或利益作過甚麼，而上帝卻早已將一切好作食物也悅人眼目的東西賜給他們了。到處眼所見的雖盡是豐盛和美麗；然而夏娃仍被蛇所騙，以為上帝還保留了甚麼足使他們聰明像上帝一樣的東西，她不信賴上帝，反而懷疑祂的良善而聽信了撒但的話。

亞當犯罪之後，他起初似乎感到自己確已升到一種新奇而更為高超的生活境地了。但過不久他一想到自己所犯的罪，便不禁恐慌起來。那向來溫和的空氣似乎使他們感到寒冷了。那有罪的夫婦具有了罪惡的感覺。他們對於前途感到恐懼，同時感到缺乏，心靈荒涼。過去所享有甜蜜的仁愛、平安與知足的福樂似乎離開了他們，取而代之的乃是他們所從未感到過的缺乏。這時他們才轉移注意到自己的外表。過去他們是不穿衣服的。祇披著一層榮光，像天使一樣。這曾經環繞他們的榮光已經消逝了。他們為要解除自己所有的缺乏和赤裸的感覺，便注意到要設法遮蓋自己的身體，因為他們怎能赤身迎見上帝和眾天使呢？

他們的罪惡這時在他們面前露出了真相。他們違犯上帝明確命令的罪，這時顯得更清楚了。亞當責怪夏娃離開他身邊，並受蛇欺騙的愚妄行為。但他們二人就自我安慰，總想那曾將萬物賜給他們要使他們快樂的上帝，或許還能因祂對他們所有的大愛而原諒他們的違命，他們的刑罰或許不致於那麼可怕。

撒但因自己的成功而欣喜。他已經引誘那女人不信賴上帝，懷疑祂的智慧，並企圖探究祂全智的計畫。他又藉著她造成了亞當的失敗，結果使

亞當因愛夏娃而違背上帝的誡命，與夏娃一同墮落。

人類墮落的消息傳遍天庭——每一個金琴都寂靜無聲了。眾天使在悲愁中從頭上脫下了他們的冠冕。全天庭都激烈震動了。眾天使都因人類以如此卑鄙的忘恩負義來報答上帝的豐厚恩賜而感到傷痛。於是就舉行了一次會議，來決定應當如何處理這一對有罪的夫婦。眾天使惟恐他們伸手摘食生命樹的果子，而就此永遠延長罪惡的生活。

耶和華訪問了亞當、夏娃，並向他們說明他們違命的結果。當他們聽到上帝威嚴的臨格，便設法藏身、躲避祂的鑒察；然而他們過去在無罪和聖潔的狀態中，卻是欣喜迎見祂的，「耶和華上帝呼喚那人，對他說：你在哪裏？他說：我在園中聽見祢的聲音，我就害怕，因為我赤身露體；我便藏了。耶和華說：誰告訴你赤身露體呢？莫非你吃了我吩咐你不可吃的那樹上的果子嗎？」耶和華發這個問題，並不是因為祂要甚麼資料，而是要使這有罪的夫婦自覺己罪。你是怎樣變成了可恥而害怕的呢？亞當承認了自己的罪，但不是因自己的嚴重違命而痛悔，而是要歸咎上帝。「祢所賜給我，與我同居的女人，她把那樹上的果子給我，我就吃了。」於是有話對女人說：「你作的是甚麼事呢？」女人回答說：「那蛇引誘我，我就吃了。」

咒詛

於是耶和華對蛇：「你既作了這事，就必受詛，比一切的牲畜野獸更甚；你必用肚子行走，終身吃土。」蛇原來較比野地的各樣動物為高，如今卻要降低在牠們之下，並為人所深惡痛絕，因為它曾充當撒但所藉以行事的媒介。「又對亞當說：你既聽從妻子的話，吃了我所吩咐你不可吃的那樹上的果子，地必為你的緣故受咒詛；你必終身勞苦，才能從地裏得吃的。地必給你長出荊棘和蒺藜來，你也要吃田間的菜蔬。你必汗流滿面才得餬口，直到你歸了土。」

上帝曾因他們吃了分別善惡樹的果子犯罪而咒詛這地，並且宣稱：「你
必終身勞苦，才能從地裏得吃的。」祂曾將善的分賜給他們，卻扣留了
惡。如今祂宣稱他們要吃苦，那就是要終身體驗到惡。人類從那時起，
要常被撒但的試探所困。上帝為亞當安排了一種終身勞苦焦慮的生活，
來代替他過去所享有幸福愉快的操作。他們將要遭受失望、憂傷與痛
苦，而終趨於滅亡。他們原是用地上的塵土造的，仍必歸於塵土。

他們也得到通知，必定喪失自己的伊甸家園。他們已受了撒但的欺騙並
聽信了他的話，以為上帝也會說謊。他們已經因自己所犯的罪而給撒但
開了路，使他得以更容易地接近他們，所以再讓他們留在伊甸園乃是不
安全的，以免他們在有罪的狀況之下使用生命樹，以致永久延長罪惡的
生活。他們保證今後要絕對順服上帝。但他們得到通知，他們從無罪落
到有罪的過程中，所獲得的不是力量，而是極大的軟弱。他們在聖潔、
幸福，而清白無罪的狀態之下既未保持自己的正直，如今在自覺有罪的
情況下，就必更缺少能力來堅持真誠與忠順了。他們充滿著最深刻的痛
苦與懊喪。他們這時才體驗到罪惡的刑罰乃是死亡。

天使奉命立即防守生命樹的道路，撒但苦心孤詣的計畫，乃是要亞當、
夏娃在違背上帝，而招致祂的不悅之後，還能吃生命樹的果子，以便永
久延長罪惡的生活。但聖潔的天使卻奉差遣去阻止他們通往生命樹的道
路。這些天使四面閃光，宛如耀目的刀劍。

救恩的計畫

天上眾生既認知人已經失喪,而且上帝所創造的世界將要充滿註定遭受痛苦、疾病與死亡的人群;犯法的人也沒有出路,天庭便充滿了憂傷。亞當全家必須死亡。我看到可愛的耶穌,並看見祂臉上有同情和憂傷的表情。不久我又看見祂就近那環繞天父的極輝煌的光榮。陪同我的天使說,祂正與祂的父作親密的交談。當耶穌和天父會談時,眾天使的焦慮似乎非常緊張。祂曾三次被那環繞著聖父的光輝所包圍,當祂第三次從父那裏出來時,祂的形體就可以看清了。祂的容貌是恬靜的,沒有一點困惑與懷疑,卻煥發著慈祥與仁愛,是言語所無法形容的。

於是祂向全體天使說明:一條為失喪之人設計的救贖計劃已完成。祂告訴他們,祂曾經懇求祂的父,並已獻上自己的生命作為贖價,並親身擔負死亡的刑罰,使人可以靠祂而得蒙赦免;人可以靠祂寶血的功勞,和順服上帝的律法,而得蒙上帝的喜悅,並得蒙引領進入那美麗的樂園,吃生命樹的果子。

起初眾天使不能慶幸,因為他們的元帥沒有向他們隱瞞甚麼,卻向他們解釋救恩的計畫。耶穌告訴他們祂將要立身在祂父的忿怒與罪人之間;祂將要擔負罪惡,遭受蔑視,而且只有少數人要接納祂為上帝的兒子。幾乎全體人類都要恨惡並且拒絕祂。祂要將祂所有的榮耀全都留在天上,而以人身出現在地上,既虛己為人,就要親身體驗到人類所遭遇的種種試探,以便知道如何搭救凡遭受試探的人;而且最後在祂身為教師的使命完成之後,祂將要被交在世人的手中,忍受撒但和他的使者所能鼓動惡人加害的一切殘虐和痛苦;祂要經受最殘酷的死刑,而以犯罪的罪人身分懸掛於天與地之間;祂要忍受數小時最激烈的痛苦,甚至天使都不忍觀看而要蒙上自己的臉。祂不僅要忍受肉體上的痛苦,而且還要

忍受精神上的慘痛，是肉體上的痛苦所不能與之相比的。全世界的罪擔都要壓在祂的身上。祂告訴他們祂必死並要在第三天復活，然後升到祂父那裏去為迷路的罪人代求。

唯一的救恩之路

眾天使都俯伏在耶穌面前。他們獻上自己的生命，耶穌向他們說明：祂將要藉祂的死拯救多人，但一個天使的生命卻不足以償還罪債，唯有祂的生命才能作為人類的贖價而得蒙祂父的悅納。耶穌也告訴他們：他們也有自己當盡的本分，就是與祂同在，不時加強祂的能力；祂要取得人類墮落了的性質，因此祂的能力甚至還比不上天使的能力；他們也要親眼目睹祂的屈辱和大痛苦；而且當他們看到祂的受苦以及世人對祂的仇恨時，就必大為激憤，並因愛祂而想要營救祂脫離那些殺害祂的兇手；但他們萬不可出面干涉，以圖阻止所見到的任何事件；他們將要在祂復活時參加一分；這救恩計畫業已定妥了，而且祂的父也已接受了這個計畫。

耶穌帶著聖潔的悲傷、安慰並鼓舞了眾天使，又告訴他們將來凡祂所要救贖的人都要與祂同在，而且祂要藉祂的死救贖多人並毀滅那掌有死亡權勢的魔鬼。祂的父也要將國度和天下整個宇宙都賜給祂，永永遠遠歸祂所有。撒但和罪人都要被毀滅，永不再攪擾天庭和那潔淨了的新地。耶穌囑咐天軍要擁護祂父所已經接納的計畫，並要因墮落的人類能藉祂的死而被提高，得蒙上帝的喜悅並享受天國而歡喜快樂。

於是喜樂——說不出來的喜樂，就充滿了天庭。天軍高唱頌讚和崇拜的詩歌。他們彈奏金琴，並歡唱音調較比以前更高的詩歌，因為上帝有偉大的恩慈與謙虛，竟捨得讓自己的愛子為背叛的族類受死。有讚美與崇拜因耶穌的克己犧牲而湧出；因祂竟同意離開祂父的懷抱而寧願揀選受

苦受難的生活，最後還要受恥辱的死亡而將生命賜給他人。

天使說：「你以為父放棄祂的愛子是沒有經過一番掙扎的嗎？不，不。即使天上的上帝也經過了一番鬥爭，要決定或讓有罪的人滅亡，或捨出祂的兒子為人而死。」眾天使也十分關切人的得救，他們當中也發現有許多願意為將亡之人放棄自己的榮耀，並犧牲自己的生命的，那陪伴我的天使說：「然而那是無濟於事的。由於所犯的罪極大，天使的生命不足以抵贖。除了祂兒子的死亡和代求，別無他法償還這債，並拯救喪亡之人脫離那毫無希望的憂傷與痛苦。」

但是眾天使卻有一定的工作派給他們，要從榮光之中帶著能力的恩膏上去下來，在上帝兒子遭受苦難時撫慰祂、伺候祂。同時，他們的工作乃是要護衛並保守承受恩典的人們脫離惡使者，以及撒但所常用以包圍他們的黑暗。我看出上帝不可能更改祂的律法，來拯救失喪將亡的人類；因此，祂容忍祂的愛子為人類的罪行而死。

撒但和他的使者一同歡樂，因為他竟能使人墮落，藉此將上帝的兒子從祂崇高的地位上拽下來。他告訴他的使者說，耶穌一旦取了墮落之人的性質，他就能勝過祂，並阻止救恩計畫的完成。

我（懷愛倫）蒙指示，看到撒但一度原是快樂，崇高的天使的形狀。後來我又看到他的現狀。祂依然擁有君王般的形態，他的容貌仍然是高貴，因為他畢竟是一個墮落了的天使。但他臉上的表情卻滿是焦慮、操心、不快、狠毒、仇恨、詭詐、狡猾和各樣的邪惡。我特別注意到那一度極為高貴的額頭。他的前額從眼睛上面就開始向後傾斜。我看見他因長久趨向邪惡，以致每一個善良的本質都已敗壞，而每一邪惡的特性都已經養成了。他的眼睛是狡猾、奸詐的，表現出洞若觀火的明察力。他的體

格魁梧，但他臉上和手上的肌膚鬆軟。我看到他的時候，他用左手托著下顎。他似乎是在沉思默想。臉上露出一種令我發抖的獰笑，那實在表現著十分的邪惡與鬼魔般的狡猾。這就是每次受他陷害之人將中他詭計時，他所發出的一種獰笑，及至他將受害牢困在他網羅中時，這獰笑便越發可怕了。

亞當、夏娃以謙恭和說不出來的悲傷離開了那美麗的園子，他們未曾違犯上帝命令之前，在那裏常是非常快樂的。這時氣氛起了改變。它不再像未犯罪之前那麼固定不變了。上帝給他們穿上皮的衣服，來保護他們避免寒冷和炎熱。

上帝永不改變的律法

全天庭都因亞當、夏娃的違命與墮落，致使全人類都落在上帝忿怒之下而悲哀了。他們已經與上帝斷絕了交通，而陷入絕望的慘痛之中。上帝的律法不能更改來適應人的需要，因為根據上帝的安排，律法絕不可失效，也不可放棄它最低的要求。

上帝的天使奉差遣去訪問那墮落了的夫婦，告訴他們雖然他們因違犯上帝的律法而不能保留那神聖的基業，就是他們的伊甸家鄉，但他們不是完全沒有希望的。於是天使告訴他們，那曾經在伊甸與他們交談過的上帝的兒子，因看到他們絕望的情形而動了慈心，並且自願親身擔負他們所應受的刑罰，並要為他們而死，使人可因信賴基督所計畫為他付出的贖價而仍得存活。藉著基督，一扇希望之門已經敞開了，以致縱使犯了重大罪惡的人，也不致落到撒但的絕對轄制之下。對於上帝兒子的功勞所懷的信心，必要將人提拔，使他能抗拒撒但的詭計。恩典時期要賜給人，使他在這時期中，藉著悔改和信靠上帝兒子救贖之功的生活，得以從違犯天父律法的罪得贖，並因此而被提拔到一定的地位，以致他遵守

上帝律法的努力可得蒙天父悅納。

天使告訴他們，在宣布他們已經違犯天父的律法，結果使基督必須以祂自己的寶貴生命作極大的犧牲時，天上感到何等的悲傷。

及至亞當、夏娃感悟到上帝的律法是何等高超神聖，因他們違犯這律法，為拯救他們和他們的後代脫離完全敗亡竟必須作如此鉅大的犧牲；他們便懇求寧可讓他們自己死亡，或讓他們和他們的後代忍受己罪的刑罰，而萬不可讓上帝的愛子作如此鉅大的犧牲。亞當的痛苦劇增了。他看出他的罪惡非常重大，甚至造成了可怕的後果。難道連天庭所尊榮的元帥，就是那位曾在聖潔無罪時與他同行共話，為眾天使所尊榮崇拜的主，竟必須因他的犯罪而從祂那崇高的地位降下來受死嗎？

亞當得到通知：天使的生命實不足以抵償他的罪債。那作為耶和華在天上和地上政權基礎的祂的律法，乃是同祂自己一般神聖的；為了這個緣故，上帝不能接納天使的生命為償贖犯法之罪的犧牲。在祂看來，祂的律法較比那些侍立在祂寶座四周的聖天使更為重要。天父不能廢除或更改祂律法的一條，以適應人墮落的狀況。但那曾與父一同創造人的上帝之子，卻能捨棄祂的生命作為犧牲，承擔祂父的忿怒，藉此為人奉獻得蒙上帝悅納的贖價。天使又告訴亞當：他的犯罪既已招致死亡與不幸，耶穌基督的犧牲就必「將不能朽壞的生命彰顯出來。」

未來的遠景

有未來的重要大事啟示與亞當，從他被逐出伊甸到洪水時代，一直延伸到基督的第一次降世；上帝的兒子因對亞當和他後裔的愛，使祂甘願自卑取了人的性質，如此藉祂的屈辱而使一切相信祂的人得以高升。這樣的犧牲足能拯救全人類；可是祇有少數人願意接受藉著如此奇妙犧牲所

帶給他們的救恩。多數人都不肯遵從上帝為使他們在偉大的救恩上有分而定出的條件。他們寧願犯罪並違背上帝的律法，卻不願悔改順服，及憑信心依靠所獻犧牲的功勞。這個犧牲具有無限大的價值，能使接受的人較比精金更為珍貴，甚至使人比俄斐純金更為貴重。

亞當得以展望到往後的世世代代，並看到罪惡、忿尤、與污穢的激增，因為人將要依從自己強烈的癖性去違背上帝的神聖律法。他得悉上帝的咒詛因人的繼續犯法而越來越沉重地臨到人類、牲畜和全地，他得悉罪孽與殘暴的事雖仍與日俱增；然而在此人類痛苦與災禍的一切情勢之下，卻有少數人保存認識上帝的知識，並在流行的敗德中保持純正清白。亞當終於領悟到甚麼是罪——就是違背律法，並得悉人類必因違法而造成道德、心智和身體方面的退化，直到全世界要充滿人類各式各樣的不幸。

人將要因自己違背上帝公義律法的罪行而致壽命減短。人類終於大大退化，甚至顯然卑劣，而幾乎毫無價值。他們大都因放縱肉體的情慾而致不能賞識到髑髏地的奧祕，以及贖罪的偉大崇高事實，與救恩的計畫。但人類雖然軟弱，他們的智力、德力和體力雖已衰退，然而基督卻信守祂離開天庭的宗旨，繼續關懷這懦弱、衰敗與墮落的人類，並邀請他們將自己的軟弱和種種大缺欠藏在祂裏面。如果他們肯來就祂，祂就供給他們一切的需要。

犧牲的獻祭

亞當在遵照上帝的特別指示為罪獻祭時，那對於他乃是極其痛苦的禮節。他必須親手取去那惟獨上帝才能賜予的生命，而藉以為罪獻祭。當他看到那血淋淋的祭牲在垂死的痛苦中掙扎著，他便要憑信心仰望到那祭牲所預表的上帝的兒子，將要作為人類的犧牲的捨命。

上帝所命定的這種祭禮，要不住地使亞當想起他的罪來，也要作為他痛悔認罪的表現。這個殺害祭牲的舉動，給予亞當對自己的犯罪有更深刻更完全的認識；那是除了上帝愛子的死，別無他法足能補贖的。他因上帝付出如此重大贖價來拯救罪人所表現的無限良善和無比慈愛而感到驚奇。亞當在殺害那無辜的祭牲時，他感覺好像是他在親手流上帝兒子的血。他深知如果他仍然保持對上帝忠誠不移，謹守祂神聖的律法，人類或獸類就都不至於死亡。然而在這預表上帝愛子偉大而完全之犧牲的祭禮中，卻出現了希望的星，照明了那黑暗而可怕的未來，解救它脫離了全然的絕望和敗亡。

當初每一個家庭的家長，都認為自己是一家之主和祭司。後來當人類在地上增多時，則由神所指派的人為眾人舉行了這一個、嚴肅的獻祭崇祀。罪人當因祭牲的血而聯想到上帝兒子的寶血。祭牲的死將要向眾人證明：罪的刑罰乃是死。罪人要藉犧牲的禮節承認自己的罪，並仰望祭牲所預表的上帝兒子所作偉大與完全的犧牲。若沒有上帝兒子贖罪之功，上帝的福祉或救恩就不可能傳達給人類。上帝須維護祂律法的尊嚴。違背律法造成了上帝與人之間可怖的隔閡。當初亞當在清白無罪情況之下，得蒙賦予和創造主保持直接，自由，而愉快的交往。在他犯了罪之後，上帝便要藉著基督和眾天使與人交往了。

該隱與亞伯及其所獻的祭【本章根據創世記4：1～15】

亞當的兩個兒子，該隱和亞伯，在性格方面大不相同。亞伯敬畏上帝。該隱卻懷有悖逆的情緒，並且因那向亞當所宣布的咒詛，又因為他的罪使地咒詛，而埋怨上帝。這兩兄弟曾經受教，明白有關拯救人類所作的安排。他們奉命要實行一種謙虛順命的制度，就是宰殺羊群中頭生的，帶著血正式地獻給上帝作為燔祭，藉此表示他們尊崇上帝，並且信賴那位應許的「救贖主」，這個犧牲將要導使他們不斷地想起自己的罪，以及那位要來為人類作偉大犧牲的「救贖主」。

該隱將他供物獻在主面前，但心中對於上帝所應許的「犧牲」卻充滿了怨尤和不信。他不願嚴格地遵循順命的計畫，去取一隻羔羊，將牠和地裏的出產一同獻上。他僅僅拿來地裏的出產，而無視於上帝的命令。上帝曾向亞當說明：若不流血，罪就不得赦免。該隱並不特別留意，甚至也不獻上最優良的土產，亞伯勸他的哥哥不可不帶祭牲的血到主面前來。該隱既身為兄長，就不聽他弟弟的話，他藐視他的勸誡，並對獻祭儀式的必要心存懷疑與埋怨之念，獻上了他的供物。但是上帝卻不悅納。

亞伯遵照上帝所吩咐的，帶來他的羊群中頭生的，和羊的脂油；並對那位要來的彌賽亞充滿信心，又以謙虛的崇敬獻上了他的供物。上帝看中了亞伯的供物。有一道光從天上閃下來，將亞伯的供物燒盡了。該隱卻看不到甚麼證明表示他的供物已蒙悅納。於是他對耶和華並對他的兄弟發怒了，但上帝竟屈就該隱，差遣天使來與他談話。

天使詢問他發怒的原因，並且告訴他如果他行的對，並遵從上帝所賜予的指示，祂就必悅納並看重他的供物。但如果他不肯謙虛地順服上帝的

安排，相信而且聽從祂，祂就不能接受他的供物。天使告訴該隱，上帝不看重他的供物，並不是因為上帝方面的不公平或偏愛亞伯，而是因為他自己的罪和違背上帝明令的行為——而且如果他行的對，他就必蒙上帝的悅納，他的兄弟也應聽他，況且他應當起帶頭作用，因為他是兄長。

但就在該隱受了如此忠實的教導之後，他依然沒有悔改。他非但沒有因自己的不信而自責自恨，反而還要埋怨上帝的不公和偏心。他因嫉妒與恨惡，竟與亞伯爭論起來並且責怪他。亞伯謙和地指出他哥哥的過失，並向他說明錯處全在乎他自己。但該隱自從上帝表示悅納他兄弟的時候起就恨惡他。他的兄弟亞伯設法力陳上帝如何在原可讓立即死亡臨到他們的父母身上時，竟救了他們的性命，顯明上帝的慈悲，藉此平息該隱的忿怒。他告訴該隱上帝愛他們，否則祂不會賜下祂無罪而聖潔的兒子，來擔當人類因自己的違法所應承當的忿怒。

死亡的開始

亞伯在為上帝的計畫辯護時，該隱卻因而激怒，他向亞伯所懷的憤恨越來越劇烈，結果竟在盛怒之下將他殺死了。上帝向該隱問到他的兄弟，該隱說出了一句罪惡的謊言：「我不知道，我豈是看守我兄弟的嗎？」上帝告訴該隱祂知道他的罪——祂熟悉他的每一行動，甚至洞悉他心中的思想意念，便對他說：「你兄弟的血；有聲音從地裏向我哀告。地開了口，從你手裏接受你兄弟的血；現在你必從這地受咒詛。你種地，地不再給你效力；你必流離飄蕩在地上。」

人對初次咒詛臨到地上的影響尚覺和緩；但如今地竟受了變重的咒詛。該隱和亞伯代表兩等人，就是義人與惡人，信的人和不信的人。從人類墮落一直到基督復臨，都必有這兩等人存在。該隱之殺害他的兄弟亞

伯，代表惡人因為義人較比他們更好，故此嫉妒並仇恨他們。惡人要嫉妒義人，並且逼迫他們，置他們於死，因為義人所行的義顯明他們惡行徑的不是。

亞當的一生乃是飽經憂患、謙卑和時常痛悔的。他既教導子孫敬畏耶和華，自己也常因他那造成後代不幸的罪惡而悲痛自責。當他離開美麗的伊甸園時，他一想到自己必定死，就不禁因恐怖而顫慄了。他認為死亡乃是可怕的災禍。他最先因自己的兒子該隱殺死他的兄弟亞伯，而體驗到死亡臨到人類家庭的可怖事實。他因自己的違命而滿懷最沉痛的悔恨，又因喪失了次子亞伯，並看到該隱乃是殺害亞伯的兇手，再認明上帝在他身上所宣佈的咒詛，致使亞當因悲傷而腸斷心碎。他極其悲痛地為所犯的首次大罪而責怪自己。他藉著所應許的「犧牲」而懇求上帝赦免。他深深地感受到上帝對他在樂園中所犯罪行的忿怒，他親自目睹那後來引起上帝終於用洪水毀滅地上居民的普遍性的敗壞。創造主在他身上所宣佈的死刑，當初對他似乎非常可怕，但經過生活數百年之後，他倒認為上帝結束他不幸的人生，反顯明是公義而慈憐的了。

亞當在落葉殘花上所看到自然界腐化的初步跡象，當時所感到悲哀的深切，較比現代的人悲悼死者更甚。凋謝的花朵因為原是嬌柔脆弱的，還不至引起太深的傷感，但高大、崇偉，而堅實的樹木竟也脫卸它們的葉子而腐爛了；這呈現在他面前的，乃是上帝專為人類福利而創造的佳美大自然的普遍敗壞。

亞當向他的子子孫孫，一直到第九代，描述了他伊甸家鄉的絕妙美景，和他的墮落及其可怕的後果，以及由於他家庭的破裂而結果造成亞伯的死，致使他感到內疚悲傷。他向他們述說上帝如何讓他經受種種痛苦，為要教訓他嚴格遵循祂律法的必要，他向他們聲明：罪惡不論形式如

何，是必定要受到刑罰的。他懇勸他們務要順從上帝；如果他們愛上帝並且敬畏祂，祂就必以慈憐對待他們。

天使在亞當墮落之後，仍與他保持交通，告知救恩的計畫，並說明人類並不是無法挽救的。雖然上帝與人之間已經有了可怕的隔離，但上帝已早有安排，使人可以因祂愛子所作的犧牲而得蒙拯救。然而他們唯一的希望乃在於虛心痛悔的生活，以及對於上帝安排的信心。凡能如此接受基督為自己唯一救主的人，將要因祂兒子的功勞而再度得蒙上帝的眷愛。

塞特和以諾 【本章根據創世記4：25、26；5：3～8，18～24；猶大書1：14、15】

塞特是個傑出的人物，並要在行義的事上代替亞伯的地位。然而他終究像犯罪的該隱一樣，是亞當的兒子，而且從亞當的性格中，並沒有繼承較比該隱更善良的本性。他原是在罪中生養的，但他竟靠上帝的恩典，領受了他父親亞當的忠心指教，並在遵行上帝的旨意上榮耀了上帝。他自行與該隱腐敗的後裔隔離，並如亞伯若仍存活所必行的一樣，努力使罪人的心志轉而敬畏順從上帝。

以諾是個聖人。他專心事奉上帝，他認識到人類大家庭的腐敗，所以自行離開該隱的後裔，並因他們的罪大惡極而責備他們。地上另有一班人是承認上帝，敬畏並崇拜祂的。然而義人以諾因不敬虔分子的罪惡有增無已，就非常不安，以致不願天天和他們來往，惟恐他自己會受他們的不信所影響，以致他的思想不能常對上帝表達祂崇高聖德所應受的神聖尊敬。

他既天天目睹他們踐踏上帝的權威，他的心就為之悲傷。他寧可與他們隔離，並時常獨自在一處，專誠默想祈禱。他在上帝面前等候祈求，要更正確地明白上帝的旨意，以便遵行。上帝藉祂的使者與以諾交通，賜給他屬於神的教訓。祂使以諾明白，祂決不至永遠容忍人的悖逆──祂的旨意乃是要使洪水泛濫全地，毀滅這罪惡的族類。

純潔美麗的伊甸園，就是我們始祖被逐出的地方，始終保留著，直到上帝決定用洪水毀滅全地的時候。上帝曾建那個園子，並且特別的賜予福惠，所以祂本著祂的美意將它從地上撤回，將來還要把它裝飾得較比從地上撤回時更加榮美，送還到地上來。上帝定意要保守祂完美造化之工作的樣本，不受祂用以咒詛全地的咒詛。

耶和華向以諾更充分地啟示救恩的計畫，並藉預言之靈（聖靈）導使他看到洪水以後的世世代代，並向他顯明那有關基督復臨和世界末日的大事。（猶14）

以諾因死人而感到心裏不安，在他看來，義人和惡人都要同化為塵土，那也就是他們的結局了。他不能清楚地看明義人死了以後的來生。他在預言的異象中得蒙指示有關上帝兒子的事，就是祂要作為人類的祭牲而死，也看到基督駕著天上的雲，由天使的大軍護送降臨，將生命賜給死了的義人，並將他們從墳墓裏救贖出來。他也看到基督第二次顯現時世界上腐敗的情形——那時必有一個傲慢、僭妄，而固執己見的世代，列陣反抗上帝的律法，否認獨一無二的主上帝和我們的主耶穌基督，並蹂躪祂的寶血，藐視祂的贖罪之功。他看到義人戴著榮耀尊貴的冠冕，而惡人卻從主面前被棄絕，用火焚燬。

以諾忠實地向眾人詳述上帝藉預言之靈所啟示與他的一切。有些人相信他的話，並轉離罪惡而敬畏崇拜上帝。

以諾變化升天

以諾在與上帝交通時，越來越屬天了。他臉上煥發著一種聖潔的光彩，在他教導那些願意傾聽他智慧言論的人時，這光彩常停留在他的臉上。他那種屬天的尊嚴儀表，使眾人望而生畏。主愛以諾，因為他堅定不移地跟隨祂，而且憎惡罪孽並熱切地追求屬天的知識，以便更完全地遵行祂的旨意。他渴望使自己得與他所敬畏、尊重及崇拜的上帝有更密切地聯合。上帝不願以諾像其他的人一樣死亡，就差遣天使將他接到天上而不嘗死味。以諾當著義人與惡人的面被提取離開他們。那些愛他的人以為上帝或許將他安置在他退隱的地方，但經過殷切的搜尋，卻仍找不到他，便宣告說：因為上帝已將他取去，他就不在世了。

主在此藉著亞當墮落的子孫以諾的被提升天，給予人一個最重要的教訓，就是凡憑信心仰賴所應許的「犧牲」，並忠心順服祂誡命的人，都必得到賞賜。這裏又説明兩等人，他們要一直存在到基督復臨——那就是義人與惡人，悖逆之徒和忠貞的人。上帝必要記念敬畏祂的義人。祂要因祂愛子的緣故，尊重並且榮耀他們，賜給他們永生。但那些蹂躪祂權威的惡人，祂一定要將他們從地上剪除毀滅淨盡，使他們歸於無有。

在亞當從完全幸福的狀況落到痛苦與罪惡的情形之後，人類便有灰心絕望的危險，要發問説：人類既然被壓在沉重的咒詛之下，而死亡乃是你我各人的分，「遵守上帝所吩咐的，在……耶和華面前苦苦齋戒有甚麼益處呢？」（瑪3：14）但上帝所賜給亞當，再由塞特重述，而又為以諾所證實的教訓，卻已將幽暗的陰影驅散，給予人類希望：正如死是從亞當而來，靠著那位應許的救贖主耶穌，也必得到生命和不朽的永生。

一般失去勇氣的忠心之人從以諾的事例上可以受教，看明他們雖然生存在腐敗有罪，而且公然大膽反叛他們創造主上帝的人中間，祇要他們肯順從祂，篤信那位應許的「救贖主」，他們仍能像忠心的以諾一樣行義，為上帝所悅納，最後並被提到祂天上的寶座那裏。

那使自己遠離世俗，多用時間祈禱並與上帝交通的以諾，代表生存在末日並與世俗隔離的上帝的忠貞子民，不義的事將要在地上盛行到可怕的程度。人們將要盡情順隨他們腐敗心意的幻想，並遂行他們欺人的哲學，而反抗上天的權威。

上帝的子民必遠離他們周圍之人不義的行為，並追求思想的純潔與對祂旨意的聖潔順服，直到祂神聖的形像在他們身上反映出來。他們必像以諾一樣，準備被接升天。他們在致力於教訓並警告世人時，自己決不附

和不信之人的精神和習俗，卻要藉自身聖潔的言行和敬虔的榜樣定他們的罪。以諾的被接升天，正是在世界被洪水毀滅的前夕，這預表一切活著的義人，將要在地球被火焚燒之前被接升天。眾聖徒要在因他們忠貞守上帝公義的誡命而恨惡他們的人面前得到榮耀。

耶穌的降生

天使向伯利恆的牧羊人報喜訊

加利利的山寨裏，有一個小鎮叫做拿撒勒，約瑟和馬利亞在那鎮上住家。論到這兩個人，後來的人都曉得他們乃是耶穌在地上的肉身父母。

當時的國家有一道告示下來，吩咐百姓報名上冊，以便完糧納稅。約瑟是大衛王的後人；因此，他只好回到大衛的城，名叫伯利恆，要在那裏報名。那時代的人民，出門很不方便，他們這段路程，也是很辛苦的。伯利恆城是在一個山上，馬利亞和她的丈夫一道走，當她爬上那座山的時候，她真是疲乏極了。

馬利亞那時真是多麼盼望有一個寬舒的地方，可以歇息歇息啊！但那裏的客店卻都住滿了人。那些慣享富貴的人，已被人好好地招待去了，惟有這些卑微的客人，只好找個飼養牲口的破房子，去休息休息。

約瑟和馬利亞雖沒甚麼世上的財物，但他們卻有上帝的愛，這種愛使他們得到豐富的知足和平安。他們是天上君王的兒女，上帝要將一種奇妙的尊貴榮耀賜給他們。

當他們在路上的時候，有天使照護著；在他們去休息的時候，也不是孤孤單單的；因為有眾天使仍舊與他們同在。在那低微的小房子裏面，救主耶穌降生了，並被放在一個馬槽裏。在那個粗陋的槽中，躺著至高者的兒子——祂先前在天上朝庭裏，是充滿著尊貴榮耀的。

耶穌在未降世之前，祂是天軍的總司令官。祂在「眾天使」中，是最明亮、最有光輝的。祂的榮耀在創世的時候就已經宣示了。當祂坐在祂的寶座上的時候，眾天使都蒙著臉站在祂的面前。他們脫下自己的冠冕，放在祂的腳前。他們看見祂的偉大榮耀，就唱起祂的勝利凱歌來。然而這位榮耀的主，卻愛世上可憐的罪人，就降世變成奴僕的樣式，以致可以替我們吃苦受死。

耶穌儘可以坐在天父的旁邊，戴著王冠，穿著王袍；但祂卻因愛我們，情願捨棄天上的寶座和富足，來地上過著貧困的生活。祂情願離開那愛祂的眾天使及他們的敬拜，來地上被惡人譏笑和辱罵。祂因為愛我們，就接受了一種艱苦的生活與十字架羞辱的死。

基督所做的這一切事，都是要顯明上帝是何等的愛我們。耶穌降世做人，是要做榜樣給我們效學祂：完全順從上帝的旨意，愛上帝並愛人如己，做完全人。我們如此做人將來才可以和祂一同住在天家。

猶太人當中的祭司和官長們，還沒有預備好去迎接耶穌。他們曉得救主快要來到，但他們卻盼望祂作個大有能力的王，以便使他們富足尊貴。他們都是太驕傲了，不肯相信彌賽亞會是一個軟弱無力的小孩子。

因此，在基督降生的時候，上帝不將這事指示他們。祂只將這喜信報給那些在伯利恆附近山中看守羊群的牧人。這些忠厚老實的人們，在夜裏

看羊的時候，大家講論上帝所應許的救主，並極其迫切地祈求祂降臨，所以上帝就差遣光明的使者，從祂發光的寶座下來，要指教他們。

「有上帝的使者站在他們旁邊，上帝的榮光四面照著他們；牧羊的人就甚懼怕。那天使對他們說：『不要懼怕，我報給你們大喜的信息，是關乎萬民的。因今天在大衛的城裏，為你們生了救主，就是主基督。』」

「你們看見一個嬰孩，包著布，臥在馬槽裏，那就是記號了。」
「忽然有一大隊天兵，同那天使讚美上帝說，在至高之處榮耀歸與上帝，在地上平安歸於祂所喜悅的人。」

「眾天使離開他們升天去了。牧羊的人彼此說，我們往伯利恆去，看看所成的事，就是上帝所指示我們的。」

「他們急忙去了，就尋見馬利亞和約瑟，又有那嬰孩臥在馬槽裏。既然看見，就把天使論這孩子的話傳開了。凡聽見的，就詫異牧羊之人對他們所說的話。馬利亞卻把這一些的事存在心裏，反覆思想。」（路2：9～19）

在聖殿中被獻

在聖殿中西面把嬰孩耶穌抱起

約瑟和馬利亞是猶太人，遵守他們本國風俗，所以耶穌出生六週，就把祂帶到耶路撒冷的聖殿獻給上帝。這是照著上帝為以色列人定的律例，耶穌也是在這一切的事上要順從。因此上帝的親兒子，天上的王子，便用自己的榜樣來教導我們應當順從。只有每一家的頭生子，才這樣地在聖殿中被獻上。保留這種禮節，乃是要紀念古時的一樁事情。

當以色列子民在埃及地為奴的時候，上帝差遣摩西去使他們得自由。（約主前1491年）祂吩咐摩西去對埃及王說：「耶和華這樣說：以色列是我的兒子，我的長子；我對你說過，容我的兒子去好事奉我，你還是不肯容他去，看哪，我要殺你的長子。」（出4：22、23）

摩西將這個信息傳給法老，但法老卻回答說，「耶和華是誰，使我聽祂的話，容以色列人去呢？我不認識耶和華，也不容以色列人去。」（出5：2）此後上帝便降下許多可怕的災難在埃及人的身上。那末了的一個災難，就是要把全埃及國每一家──自國王以至於極卑微的平民──的長子盡都殺滅。

上帝吩咐摩西說，以色列人家家都要殺一隻羊，並將一些羊血灑在自己住家的門框上。這乃是一個記號，以便那滅命的天使可以越過以色列人的家，不傷害他們一人，只殺滅那些驕傲兇惡的埃及人。

這使天使「逾越」的血，是向猶太人預表基督的血。因為到了時候，上帝要使自己親愛的兒子像被殺的羔羊一樣；叫凡信祂人可以得救，脫離永遠的死亡。基督被稱為我們逾越節的羔羊（林前5：7），我們憑著信心並靠著祂的血，便可得到救贖。（弗1：7）

因此在以色列國的各家帶著長子到聖殿裏，他們就該紀念先前的孩子們怎樣從災難之中被拯救出來，並且知道人類怎樣可以從罪惡之中被救，免了永遠的死。當孩子在聖殿中被奉獻的時候，祭司便用手把他抱起，並在祭壇之前舉起。

孩子便是這樣莊嚴地奉獻給上帝了。孩子交還母親之後，他的名字便被列入以色列人長子的名簿裏。照樣，凡被基督的血所救贖的人，他們的名字也將要被列在生命冊上。

約瑟和馬利亞照著律例帶耶穌到祭司那裏去。在那裏，天天有許多做父母的帶著他們的孩童來，所以在祭司看來，約瑟與馬利亞同許多別的人並沒有甚麼分別。他們不過是平常作工的人罷了。他看嬰孩耶穌祇是一個軟弱的嬰兒，並未曾想到自己手中所抱的就是救世主，就是天上聖殿裏的大祭司。但是他本可以知道此事的；若是他已順從了上帝的道，那麼上帝一定早把這事教導他了。

在這時候，聖殿裏有上帝的兩個忠實僕人，就是西面和亞拿。這兩個人一向是在聖殿中服務，年紀已老了，上帝也就把那些不能指示於自私和

驕傲的祭司們的事情，指示他們。上帝曾應許西面，叫他在未死之前必要見到救主。這時他一見到耶穌在聖殿裏，便曉得這就是所應許的那一位。

在耶穌的臉上發出天上溫柔的光輝；西面就把嬰孩抱在手中，讚美上帝說：「主啊，如今可以照祢的話，釋放僕人安然去世；因為我的眼睛已經看見祢的救恩，就是祢在萬民面前所預備的；是照亮外邦人的光，又是祢民以色列的榮耀。」（路2：29～32）
亞拿是一個女先知，「正當那時，她進前來稱謝上帝，將孩子的事對一切盼望耶路撒冷得救贖的人講說。」（路2：38）

上帝就是這樣揀選謙卑低微的百姓，去作祂的見證。往往那些被世人所稱為偉大的人，就像猶太的祭司與官長們，反倒不受祂的注意。許多人極願服事自己並尊敬自己；而不想去服事上帝並尊敬祂；因此祂便不能揀選他們去向別人傳述祂的慈悲與仁愛。

耶穌的母親馬利亞思想著西面遠大的預言。她一面看到自己手中所抱的嬰孩，一面回想起伯利恆牧羊人所說的話，她的心裏便充滿了感謝的快樂與光明的希望。西面所說的話，叫她想起了先知以賽亞的預言，她曉得那些奇妙的話乃是指著耶穌說的。

以賽亞說：「在黑暗中行走的百姓，看見了大光；住在死蔭之地的人，有光照耀他們。」又說：「因有一嬰孩為我們而生，有一子賜給我們；政權必擔在祂的肩頭上；祂名稱為奇妙、策士、全能的神。永在的父，和平的君。」（賽9：6、7）

博士的拜見

東方博士發現了一顆新星，便想起先知的預言。

上帝要人曉得基督降生的事。祭司們本應教導百姓要仰望救主；但他們自己對於基督降生的事卻是渺茫不清楚。

因此上帝便差遣天使去把這基督已經降生的事告訴給牧羊人，並告訴他們到哪裏去可以找到祂。照樣，當耶穌在聖殿裏被獻的時候，那裏也有一些人接受了祂為救主。上帝保留了西面和亞拿的壽命，使他們有快樂的機會，可以證明耶穌是那應許的彌賽亞。

上帝的意思，也是要別人能夠像猶太人一樣地曉得基督已經來了。所以在東方極遠的國裏，有幾個博士早已研究先知論到彌賽亞的預言，並且也是相信祂的降臨就在目前了。猶太人稱這些人為異邦人；但他們卻不是拜偶像的。他們乃是誠實忠厚的人，想要明白真理，並要奉行上帝的旨意。

上帝鑒察人的心，祂知道這些人是忠厚可靠的。他們比那些心中充滿自私驕傲的猶太祭司們更容易接受那從天上來的信息。

這幾位博士都是哲學家。他們已經研究過上帝在自然界中所造的奇妙大工，並愛上帝。他們曾研究過星辰，並知道它們的運行。他們很喜歡觀察那些天體在夜間的進行。如果有一個新的星球出現了，他們就要當為一件大事。當那天晚上天使降臨在伯利恆牧羊人當中的時候，這幾位博

士就注意到天上有了一道希奇的亮光，原來這就是那圍繞眾天使的榮光。

及至這道希奇的亮光隱滅了，他們看見在諸天之中，又出現了一個新的星。他們立時想起了先知的預言，說，「有星要出於雅各，有杖要興於以色列。」（民24：17）這個星就是指著彌賽亞已經來到的記號嗎？他們便決定去跟隨它，看看它到底要把他們領到甚麼地方去。後來那星卻引導他們到了猶太國。但當他們行近耶路撒冷城的時候，那星卻變成極黯淡，以致他們沒法再跟隨它。

這幾位博士以為猶太人一定能夠把他們領到救主那裏去，因此便走進耶路撒冷城內，問道：「那生下來作猶太人之王的在哪裏？我們在東方看見祂的星，特來拜祂。」

「希律王聽見了，心裏不安；耶路撒冷合城的人，也都不安。他就召集了祭司長和民間的文士，問他們說，『基督當生在何處？』他們回答說，『在猶太的伯利恆；因為有先知記著說。』」

希律不喜歡聽見有一個王日後或許要來坐自己的寶座，因此他便把那幾位博士召了來，問他們第一次見到那星是在甚麼時候，隨後，他便差遣他們到伯利恆去，說：「你們去仔細尋訪那小孩子；尋到了，就來報信，我也好去拜祂。」

那幾位博士聽到了這話之後，就又起身上路。「在東方所看見的那星，忽然在他們前頭行，直行到小孩子的地方，就在上頭停住了。」「他們進了房子，看見小孩子和祂母親馬利亞，就俯伏拜那小孩子，揭開寶盒，拿黃金、乳香、沒藥為禮物獻給祂。」（太2：2～11）

這幾位博士所獻給耶穌的，都是他們自己所有的最寶貴的東西。在這件事上，他們為我們留下了一個榜樣。現今有許多人送禮物給自己世上的朋友，但卻沒有把甚麼送給那位賞賜他們一切福氣的天上朋友。我們卻不應當這樣。我們應當把自己一切所有——光陰、金錢與愛心——中最好的，拿來獻給基督。

博士奉獻禮物給耶穌

我們可以藉著幫助窮人及教導人認識救主的事上，而把自己的禮物獻給耶穌。這樣，我們便能幫忙拯救那些耶穌所代死的人們。這些禮物都是祂所歡喜的。

逃往埃及

約瑟帶馬利亞及耶穌黑夜逃往埃及。

希律王所說要去拜見耶穌的話，並不是出於真心的。他恐怕救主長大了要作王，並奪了他的國位。他要找尋這個嬰孩，為的是要把祂處死。

博士們預備要回去，向希律王回話。但上帝的天使卻在夢中向他們顯現。打發他們從別條路上回家去了。

「他們去後，有上帝的使者向約瑟夢中顯現，說，『起來，帶著小孩子同祂的母親，逃往埃及，住在那裏，等我吩咐你；因為希律必尋找小孩子要除滅祂。』」（太2：13）約瑟不等到天亮，便連忙起身，帶著馬利亞和小孩，在黑暗裏動身遠行。

博士們所獻與耶穌的寶貴禮物，原是出於上帝的安排，作為他們的路費，和住在埃及時的生活費，直到他們將來回到本鄉。

希律王聽見博士們從別的路回去了，就大發怒氣。他曉得上帝曾藉先知說到基督降生的事，也曉得那星（**聖天使**）怎樣地引導博士們；然而他仍是決心要殺耶穌。他在大怒之下，便差遣兵丁去「將伯利恆城裏，並四

境所有的男孩，……凡兩歲以裏的，都殺盡了。」

一個人竟敢與上帝對敵，這真是何等的怪事！那些無辜小孩的慘遭殺戮，真是何等地悲慘悽涼！希律王在先前曾作過許多殘忍狠毒的事；但他那犯罪作惡的人生，到此也就快要結束了。後來他遭到了可怕的慘死。

約瑟和馬利亞仍舊住在埃及，直到希律王死了。那時天使向約瑟顯現，並說：「起來，帶著小孩子和袖母親往以色列地去；因為要害小孩子性命的人已經死了。」（太2：16～20）

約瑟本來盼望在伯利恆住家，那裏是耶穌降生的地方；但當他行經猶太國的時候，他聽見了希律的兒子，接續他父親作王。這件事使約瑟害怕，既不敢往那裏去，又不曉得應該怎麼辦才好；因此上帝便差遣了一位天使去教導他。他便順從了天使的指導而回到自己的老家拿撒勒去居住。

兒童時代的生活

耶穌的童年時代，是在一個小山村裏渡過的。祂是上帝的兒子，本可以隨意揀選地上任何地方來作祂的家。無論祂住在甚麼地方，就要使那地方增光不少。但祂卻不住在富貴人家內，也不住在皇室宮殿裏。祂情願在拿撒勒的窮苦人中居住。

耶穌願意窮苦的人知道祂明瞭他們的艱難困苦。他們要擔當的一切擔子，祂都已經擔當過。祂能夠與他們表同情並幫助他們。

論到耶穌幼年的時代，聖經上說，「孩子漸漸長大，強健起來，充滿智慧；又有上帝的恩在祂身上。」「耶穌的智慧和身量，並上帝和人喜愛祂的心，都一齊增長。」（路2：40、52）

祂的頭腦聰明而靈活。祂能很快的明白各種事物，顯出一種心思和智慧過於祂的年歲。然而祂的習慣是簡單而天真的，祂在身體與頭腦方面也是像別的孩子一樣地成長。雖然這樣，但耶穌卻不是在一切的事上都像別的孩子一樣。祂常常顯出一種甜蜜的、無私的精神。祂那樂意的手，時常預備去為別人服務。祂是忍耐而且誠實。

祂穩站在正義的立場上，如同磐石一樣不動搖，並且對待眾人從來不失溫柔禮貌。祂無論是在家中或是別處，總是滿面和藹笑容。

對於年老和貧窮的人，祂以體貼和仁愛之心對待他們，甚至於對那些不能言語的禽獸，祂也顯出仁慈。祂會很溫和地去看顧一隻受傷的小鳥；有祂在旁，每一生物都感到快樂。

當基督的時代，猶太人極其注意自己兒女的教育。他們的學校是與教堂相連，他們的教師稱為拉比，並被人認為是很有學問的。耶穌不進入這些學校，是因為他們所教導的有許多是不真實的。他們不考究上帝的道理，反去考究人的遺傳，這些往往是與上帝藉著先知所講的教訓相反。

上帝自己藉著聖靈教導過馬利亞，應當怎樣教導祂的兒子。馬利亞教訓耶穌，都是本乎聖經，同時祂自己也學習閱讀查考聖經。

耶穌也歡喜研究上帝所創造的宇宙萬物。在這本大自然書中，祂察看樹木花草、飛禽走獸、及日月星辰等。祂天天考察這些事物，想要從中學得教訓，並要明白萬物發生的起因。

有聖天使與祂同在，幫助祂從萬物中瞭解上帝。這樣，當祂在身體長大強壯的時候，同時在聰明與智慧上也有長進。每一個小孩子，都可以照著耶穌的方法去得到學問。我們應當把光陰用在學習真實的事上。至於虛假的事物與稗官野史等，對於我們乃是毫無益處的。

只有真理是寶貴的，我們可以從上帝的聖經和祂所創造大自然的作為上，學習到真理。我們若研究這些事物，天使會來幫助我們明白。這樣，我們就要看出我們天父的智慧和慈善。我們的頭腦要變成堅強，我們的心性要變為純潔，我們也越會像耶穌一樣良善了。

約瑟和馬利亞，每年上耶路撒冷守逾越節。當耶穌十二歲的時候，祂父母帶祂同去。這是一個快樂的旅行。一路上有步行的，也有騎著驢的，他們在路上要走好幾天。從拿撒勒到耶路撒冷，大約有二百一十里路。這些去守節期的人，有些是從各地方來的，也有從別國來的。那些從同一地方起身的人，常常是結伴同行，成為大群。

這個節期，大概是在陽曆三月底和四月初間開始的。這時候正是帕勒斯聽地方的春天，遍地群花爭放，林間百鳥歡唱。他們行路的時候，作父母的將上帝在古時為以色列人所行的奇妙事蹟，述說給兒女聽。往往他們也是同聲歌唱大衛所著的幾篇美麗詩歌。

百姓每年上耶路撒冷去守逾越節。

當耶穌在世時，百姓對於敬拜上帝的事，已變成冷淡而視為虛文。他們大都想到自己的享樂，而少想到上帝待他們的慈善。但耶穌卻不是這樣，祂喜歡思念上帝。當祂到了聖殿的時候，祂就觀察那些祭司們的工作。那些做禮拜的人跪下祈禱時，祂也跪下，在他們讚美歌唱時，祂也開口頌揚。

每天早晚，有一隻羔羊被獻在祭壇上。這是代表救主的死。當這位童子耶穌見到這無辜的犧牲時，聖靈便把這事的意義教導祂。叫祂曉得祂自己就是上帝的羔羊，必須為世人的罪受死。在祂的頭腦裏有了這些思想，所以祂喜歡獨自在一處，不和祂的父母同在聖殿裏，也不同他們一路回家了。

在聖殿裏有一間房子，作為學校，由拉比們當教授。不久耶穌到了這地方，就隨著一群別的小學生，同坐在大教師們的腳前，聽他們的教訓。

當時猶太人對於彌賽亞的事，有許多錯解。耶穌知道這種情形，但祂卻不和這些有學問的人爭辯。祂像一個熱心領教的人一樣，向他們提出了

問題，討論先知所寫的預言。以賽亞第五十三章，是提到救主的死。耶穌這時讀這一章聖經，並向他們請教其中的意義。那些拉比們回答不出，便下手反問耶穌，他們也都驚奇祂的聖經知識。

他們看出祂所知道的聖經，是比他們自己所知道的還多。他們自己的教訓是錯了，但他們卻不願意相信不同的道理。但耶穌卻是極其溫柔謙順，所以他們並不惱怒祂，反而想要留祂作學生，教訓祂照著他們的方法去解說聖經。

當約瑟同馬利亞從耶路撒冷起身回家的時候，他們並沒有察覺耶穌已經留在後面。他們想耶穌乃是在同行的友伴之中。但到了晚上要搭帳棚過夜的時候，他們失落了有用的幫手。他們便在同行的人中仔細尋找，結果卻找不到。

約瑟和馬利亞大大的驚慌。他們回想起從前希律王怎樣在耶穌作嬰兒的時候就想要殺祂。他們也怕祂這時已遭遇了甚麼禍害。他們就滿心憂愁，急忙回到耶路撒冷，直到第三天才尋著祂。

他們會見了祂的時候，心裏極其歡樂，但馬利亞因為祂離開了他們，所以便責備祂說：「我兒，為甚麼向我們這樣行呢？看哪，祢父親和我傷心的來找祢。」

耶穌回答說：「為甚麼找我呢？豈不知我應當以天父的事為念嗎？」（路2：48～49）耶穌說這些話的時候，手往上指，臉也發光，他們見了都甚希奇。耶穌曉得自己是上帝的兒子，應當作祂父親差祂來世上的工作。馬利亞永遠沒有忘記這些話。到了後來的幾年中，她越發明白這些話的奇妙意義。

約瑟和馬利亞愛耶穌，但他們卻一時忽略，把耶穌失掉了。他們忘記了

上帝所交給他們去作的工作。由於一天的忽略，他們便失了耶穌。

現今有許多人，也是這樣地把救主失掉了。當我們不喜歡思想祂，不祈求祂，並在談話中說些愚昧、沒有愛心、和罪惡的話語之時，我們便使自己離開基督了。離開了祂，我們便會覺到孤單和愁苦。

倘若我們真心實意要祂作個伴侶，祂必定時常與我們同在。凡尋求祂的人，救主都喜歡與他們同在。祂要使極貧窮的家庭大得光明，並使極卑微的心得到喜樂。

耶穌在聖殿中與拉比們討論先知所寫的預言。

耶穌雖然曉得自己是上帝的兒子，但祂還是跟著約瑟和馬利亞回到拿撒勒的家中，「並且順從他們，」直到三十歲。祂本是天上的司令，卻在地上作了一個可愛的孝子。那在聖殿裏藉著獻祭所顯示出來的大事，一直存在祂的心內。等上帝的期限到了，祂就要開始作那差派給祂的工作。

耶穌住在平民的家中，作一個窮人。祂忠心樂意地盡自己的本分，幫助瞻養家屬。祂一到了年齡稍長，便學習一種手藝，在木匠舖裏同約瑟一齊作工。

祂穿著普通勞動工人所穿的粗布衣服，在那小鎮的街上來來去去作祂的工。祂從來沒有利用祂的神聖權力，以便使自己的生活可以輕省一點。

基督在幼年和少年的時候作工，祂在身體和頭腦方面，都發展強健。祂盡心盡力地保守身體和頭腦的健康，以便在各項事業上，都能夠作得最好。

凡祂所作的，都作得美好。祂要完全，甚至於在運用工具上，也要完全。祂用自己的榜樣來教導我們要勤勞，要謹慎地把自己的工作做得美好；像這樣的做工，乃是尊貴的事，每一個人應當找工作做，以便幫助自己並造福別人。

上帝給我們工作，乃是一種福氣。祂也歡喜看小孩子在家裏盡本分，替父母分點勞苦。像這樣的小孩子，在離家到外面去的時候，也會對別人有幫助的。凡要在自己所做的一切事上，叫上帝歡喜，並且為正義而行正義的青年，他們在世界上是有用處的。他們肯在卑微的地位上忠心，那就是預備自己配升上更高的地位。

奮鬥的日子

猶太的教師們為百姓立了許多的規矩，要他們作許多上帝所沒有吩咐的事。甚至於連小孩子也要學習順從這些規矩。但耶穌卻不想學習拉比們的教訓。祂很小心，不對這些教師們說不恭敬的話；祂只是研究聖經，並順從上帝的律法而已。祂常常因為不作別人所作的事，以致受了責備。於是祂便從聖經裏指出正直的方法。

耶穌常常想要使別人得著快樂。因為祂是極其仁慈與謙和，所以拉比們都盼望能使祂照著他們所行的去行。但他們卻辦不到。何時他們勉強祂順從他們的規矩。耶穌就要問他們聖經的教訓是甚麼。只要聖經怎樣說，祂便怎樣行。

這樣便使拉比們生氣了。他們知道自己的規矩是與聖經相反，但他們還是不喜歡耶穌，因為祂不順從他們。他們到耶穌的父母那裏去告祂。約瑟和馬利亞想到這些拉比們總是好人，因此便責備耶穌，使祂很難受。

耶穌在木匠舖裡同約瑟一起工作。

耶穌的幾個弟兄也都袒護著拉比們。據他們說，人應當聽從這些教師們的話，如同上帝的話一樣。他們責備耶穌，不應該以自己比百姓的首領還高。拉比們總覺得自己是比別人強，不肯與普通平常的人來往。他們看不起貧窮和愚笨的人。甚至於對那些患病及有痛苦的人，也一點不管，不給他們希望和安慰。

耶穌對每一個人都顯出慈愛的關切。祂遇到每個有痛苦的人，祂總要設法幫助。祂手裏沒有多少錢，但他卻常常克苦自己的飲食，拿來幫助別人。

當祂的弟兄向那些貧窮可憐的人厲聲厲色的時候，祂總要走到那些人的面前，說幾句仁愛和鼓勵的話。對於那些飢餓乾渴的人，祂便給他們一杯涼水，並且也往往把自己的食物拿去給他們吃。這一切的行為，使祂的弟兄們極不歡喜。他們威嚇祂，但祂還是一直去做，照著上帝所說的去行。

耶穌所遇到的磨難和試煉很多，撒但時常等著要勝過祂。倘若耶穌能夠被引誘去做一件錯事，或說一句不忍耐的話，祂就不能作我們的救主，這整個的世界也就此淪亡了。撒但明白這一點，所以他便極力設法要引誘耶穌犯罪。

雖然時常有天使來保護救主，但祂的一生還是與黑暗的勢力苦鬥。我們世人沒有一位遇到的試探，像祂所遇過的那麼慘重。祂對於每一個試探，只有一個回答：「經上記著說。」祂的弟兄有錯，祂也不常常責備他們，只是把上帝的話告訴他們。拿撒勒是一個犯罪作惡的村鎮，那裏的小孩和青年都設法要耶穌隨從他們去行惡。耶穌是伶俐活潑，他們喜歡與祂作伴。

但耶穌那種神聖的原則，卻激動了他們的怒氣。祂往往因為不肯與他們同流合污，以致被他們稱為膽小懦弱的人。往往在小事上，祂顯出了特別的態度，以致受到人的譏笑。祂對於這一切事的回答乃是，經上記著說：「敬畏主就是智慧，遠離惡便是聰明。」（伯28：28）喜愛惡事便是喜愛死亡，因為「罪的工價就是死。」

耶穌並不爭取自己的權益。有時被人苛刻苦待，祂總是忍受著。因為祂是這樣地甘心並且不發怨言，以致人往往把不必要的苦工派祂去作。雖然這樣，但祂並不灰心，因為祂曉得上帝是喜悅祂。

當祂獨自與自然界和上帝親近的時候，那就是祂最快樂的時間。祂在工作完畢之後，喜歡到田野裏去，在碧綠的幽谷中默想，在青山或樹林中祈禱上帝。祂聽聆百靈鳥向其創造者讚頌謳歌，祂自己也發出歌聲，與那快樂的感謝的詩歌相和。祂用歌聲來歡迎晨光，往往在黎明的時候，祂到寂靜的地方，思想上帝，查考聖經，並作禱告。

拿撒勒的孩子們戲弄耶穌並要引誘祂去行惡。

在這清穆良辰之後，祂就回到家中，重新執行祂的本分，顯出吃苦耐勞的榜樣來。無論祂到甚麼地方，總像是有天使來親近一樣。祂那純潔神聖的生活所發出的感化力，無論那一等人都能感覺得到。

祂雖然在愚蠢粗野無禮的人中行走，也是雜在那不公的稅吏、荒唐浪子、不義的撒馬利亞人、異邦的兵丁、以及粗魯的鄉人之中；但祂卻不遭害，也不沾染污穢。

祂在各處散發同情和安慰人的話語。祂看見一些軟弱的人，還有被迫背

重擔的，祂便去分擔他們的擔子，並向他們述說祂從自然界中所得的，關於仁愛、慈悲，以及上帝的良善等等教訓。

祂教訓他們重看他們自己所具有的寶貴才能，若能善用這些才能，便可使他們獲得永遠的富足。祂用自己的榜樣來教訓人，每一分鐘都是有價值的，應當好好地利用它。祂看世上沒有一個人是無用處的。祂竭力鼓勵那最粗野與最無希望的人。祂向他們說明，上帝愛他們如同祂的兒女，他們在品格上也可以與上帝一樣。

耶穌從兒童時代起，便這樣安安靜靜地為別人服務了。沒有一個有學問的教師，甚至於祂自己的弟兄，能夠使祂放棄這種工作。祂帶著一種懇切的目標，實行祂一生的計畫，因為祂將成為世上人的亮光。

浸禮

耶穌在約旦河受洗後從水中上來。

當基督出來公開傳道的時候到了，祂的第一步行動，就是到約但河去受施洗約翰的浸禮。這時候約翰已經奉差遣，去為救主預備道路。他已經在曠野傳道，說：「上帝的國近了；你們當悔改，信福音。」（可1：15）眾人聚集來聽他。有許多人的罪孽受了譴責，在約但河裏領受了他的浸禮。

上帝已經使約翰知道，有一天彌賽亞要來，並請求受浸。祂應許給他一個記號，使他曉得到底是那一位。及至耶穌來了，約翰從祂的臉上看出了祂那聖潔生活的記號，便攔住祂，說：「我當受祢的洗，祢反倒上我這裏來嗎？」

耶穌回答說：「你暫且許我；因為我們理當這樣盡諸般的義。」（太3：14、15）當祂說出這話的時候，祂的臉上發出天上的祥光來，正如西面先前所見過的一樣。因此約翰就領救主下到那美麗的約但河裏，當著眾人的面，給祂施行浸禮。

耶穌受浸，並不是顯出祂悔改自己的罪孽；因為祂從來沒有犯過罪。祂受浸禮的緣故，是給我們留下一個榜樣。

當祂從水裏上來，祂便跪在河邊，作禱告。隨後，天就開了，有榮耀的光線發出，「祂就看見上帝的靈，彷彿鴿子降下，落在祂身上。」從祂的臉和身上，都煥發著上帝榮耀的光輝。又聽見上帝的聲音從天上來說：「這是我的愛子，我所喜悅的，」（太3：16、17）

這降在耶穌身上的榮光，乃是上帝愛我們的一個證據。救主降生作我們的榜樣；上帝怎樣垂聽祂的祈禱，祂也必照樣垂聽我們的祈禱。世上最貧窮，最有罪、最被人輕視的人，都可以到天父那裏。當我們奉著耶穌的名到祂那裏，那麼祂先前對耶穌所說的話，也要對我們說出：這是我的愛子，我所喜悅的。

試探

耶穌受了浸禮之後，被聖靈引到曠野，受魔鬼的試探。祂到曠野去，原是被上帝的靈引導去的。祂並沒有招請試探來。祂想要獨自在一處，以便默想自己的使命和工作。祂用祈禱和禁食來鼓起自己的精神，以便應付自己所必須通過的一條血路。但撒但知道救主的去處，所以他便到那裏去引誘祂。

基督離開約但河之後，祂的臉上煥發著上帝的榮光。但到了祂進入曠野以後，那榮光就消退不見了。世人的罪孽都歸到祂身上，祂的臉上顯出憂愁悽慘的樣子，是人向來所未曾覺得的。祂那時正是為罪人而受苦。

亞當和夏娃曾因為吃了禁果而背逆了上帝。由於他們的背逆，便把罪惡、憂愁、與死亡都帶進世上來。耶穌來給我們一個順從的榜樣。祂在曠野禁食四十天後，還是不肯離開天父的旨意，去取得食物。

那曾勝過了我們始祖的各種試探之中，有一條就是放縱食慾。但耶穌卻用長期的禁食，來顯明食慾是可以受人克制的。撒但引誘人去放縱，因為這是能使人身體軟弱，並神智不清的。他曉得這樣他能更加容易迷惑並毀滅他們。

但基督的榜樣卻教我們應當勝過每一個不良的慾望。我們的食慾不該管治我們；我們卻應當管治食慾。

當撒但第一次出現在基督面前的時候，他的形狀似乎是個光明的天使。他自稱是從天上來的使者。他對耶穌說，天父的旨意並不是要祂忍受這樣的痛苦；祂只要表顯出一種願意受苦的精神就夠了。

那時耶穌正是與尖刻的饑餓痛苦搏鬥，撒但卻對祂說：「祢若是上帝的兒子，可以吩咐這些石頭變成食物。」

然而救主到世上來，原是要作我們的榜樣，祂必須忍受苦難，如同我們要忍受苦難一般；祂必不可為自身的好處起見，去行一樁奇蹟。祂生平所行的一切奇蹟，都是為別人的好處。祂對於撒但的要求，這樣回答說：「經上記著說：人活著不是單靠食物，乃是靠上帝口裏所出的一切話。」

祂這樣的回答是顯出，我們應當聽從上帝的話，這是比為自己預備食物還要重要得多了。凡順從上帝之話的人，必蒙應許在今生必不缺乏，並且還有來生的希望。

撒但既在第一樁的大試探上不能勝過基督，於是便帶祂到耶路撒冷聖殿的頂上，對祂說：「祢若是上帝的兒子，可以跳下去；因為經上記著說：主要為祢吩咐祂的使者，用手托著祢，免得祢的腳碰在石頭上。」撒但在這裏學習基督的榜樣，也來引經據典了。但這節聖經的應許，並不是對那些故意冒險的人說的，上帝沒有吩咐耶穌從殿頂上往下跳。耶穌也決不那樣作，去討撒但的喜歡。因此祂便回答說：「經上又記著說，不可試探主你的上帝。」

我們應當信賴我們天父的照顧；但我們卻不可到上帝沒有差遣我們去的地方。我們必不可做祂所禁止的事。

有些人因為上帝是慈悲及廣行赦免，便以為違背上帝仍可平安無事。但這不過是猜想而已。上帝對於那些尋求赦免並轉離罪惡的人，必行赦免；但對於那些自願不順從祂的人們，卻不能賜福。

撒但便顯出了他的本來面目——世上黑暗勢力的魔君。他領耶穌到一座
高山的頂上，把世上的萬國指給祂看。

撒旦試探耶穌去變石頭為食物。

那時陽光照著華麗的大城，大理石的宮殿，果木園和葡萄園。撒但便說：「祢若俯伏拜我，我就把這一切都賜給 。」

在片刻之間，耶穌舉目觀看了這幕景象，隨即轉過身子不看了。撒但已經用了最動人的方法，把世界呈現在耶穌面前；但救主卻看透了這虛有其表的美麗。祂看這個世界是破壞，有罪惡，遠離了上帝。人間的一切愁苦，都是出於人類離棄上帝去崇拜撒但的結果。

基督滿心企望要救贖這個沉淪的世界，祂渴望恢復這世界勝過伊甸園的榮美。祂想要把人放在優越的地位上，以便能親近上帝。祂為罪人的緣故而抵拒試探。祂要作一個得勝者，以便人類也可以得勝，也可以與天使平等，並配得被稱為上帝的兒女。

撒但要求祂跪拜，基督卻回答說：「撒但退去吧；因為經上記著說，當拜主你的上帝，單要事奉祂。」（太4：3～10）貪愛世俗、希圖權勢、今生的驕傲，以及那使人離開敬拜上帝的每一件事——都是包括在基督的

這個大試探之內。

耶穌戰勝撒旦並斥責他退去。

倘若基督肯敬拜罪惡的原則，撒但便要將世界和世界上的財富，都送給祂。照樣，撒但現今也是把行惡所能得的種種利益擺在我們面前。

撒但向我們附耳低聲說，「為要在這個世界上得到成功起見，你必須事奉我。你不要太注意到真理與誠實。你順從我的勸告，我便要給你富足、尊貴與喜樂。」我們若順從這勸告，便是拜撒但而不拜上帝了，結果只有使我們得著困苦滅亡。

耶穌已經指示，我們在受試煉的時候應當怎麼辦。祂對撒但說，「退去吧，」當時撒但便不能阻擋這個命令，他被迫而離去。叛逆的魁首就怒目相視，氣忿忿地離開了世界救贖主的面前。

這場鬥爭到此暫時結束了。基督得到完完全全的勝利，足以抵償亞當的失敗了。我們也可以照樣地抵擋試探，並勝過撒但。主對我們說：「要抵擋魔鬼，魔鬼就必離開你們逃跑了。你們親近上帝，上帝就必親近你們。」（雅4：7、8）

早期的服務

耶穌從曠野回到約但河，就是施洗約翰傳道的地方，那時候耶路撒冷的官長差人去問約翰，他有甚麼權柄教訓人並給人施浸。

他們問約翰是否彌賽亞，是否以利亞，是否「那先知」摩西。對於這一切問話，他回答說：「我不是。」於是他們又問道：「你到底是誰？叫我們好回覆差我們來的人。」

他說：「我就是那在曠野有人聲喊著說，修直主的道路，正如先知以賽亞所說的。」（約1：22、23）

古時皇帝出門，從這地方到那地方，必先差人在他前面預備他的御道。他們必須把樹砍倒、石頭搬掉、地填平，以致道路整潔，國王好行路。

照樣，當這位天上的王耶穌要來之前，施洗約翰便被差遣去修直道路──告訴民眾，叫他們悔罪改過。

當約翰向耶路撒冷的使者回話的時候，他看見耶穌站在河邊上。他的臉上發光，並伸出手來，說：「有一位站在你們中間，是你們不認識的，就是那在我以後來的，我給祂解鞋帶，也不配。」（約1：26、27）

眾百姓都大受驚動，原來彌賽亞已經在他們中間了！他們東張西望地急急要尋找約翰所說的那一位。但耶穌卻已雜在人群之中，以致人都看不見祂。

第二天，約翰又見到耶穌，便指著祂，說：「看哪，上帝的羔羊，除去

世人罪孽的！」於是約翰便把基督受浸時的記號告訴他們，他說，「我看見了，就證明這是上帝的兒子。」（約1：29、34）

聽見這話的人，都畏懼希奇地望著耶穌。他們彼此自己問道，這位是基督嗎？

他們看見耶穌沒有世上富貴的氣象，祂的衣服簡樸得很，如同窮人一樣。但祂那灰色憔悴的臉，卻頗能感動他們的心。從那臉上，他們察看出尊嚴與權威來；並且祂眼睛的每一瞬，祂臉色的每一變動，都說明了神聖的憐憫與口舌不能形容的大愛。

然而那些從耶路撒冷來的使者，卻不能被救主感動。約翰並沒有說出他們心中所要聽的話語。他們盼望彌賽亞降臨，像一位偉大的得勝者。他們既看出耶穌的使命不是這樣，所以便大失所望，轉身離開耶穌走了。

第二天，約翰又看見耶穌，他又喊道，「看哪，上帝的羔羊！」那時約翰的兩個門徒正是站在附近，便去跟從耶穌。他們聽了耶穌的教訓，便作了祂的門徒。這兩個人的名字，一個叫安得烈。一個叫約翰。

安得烈不久便把自己的弟兄西門帶到耶穌那裏，耶穌給他改名為彼得。第二天在往加利利的路上，基督又招了一位門徒，名叫腓力。腓力一見了救主，便把他的朋友拿但業也帶了來。

基督在世上的大工作便這樣開始了。祂一個一個地招收門徒，然後由門徒自己去招兄弟和朋友來。這就是現今每個基督徒所應該去做的。一個人一認識了耶穌，便應當把自己所認識的寶貴朋友介紹給別人。這種工夫是無論男女老幼都能作的。

在加利利的迦拿，耶穌和門徒同去赴娶親的筵席。為要慶祝這種成立家庭的幸福喜樂起見，祂把自己的奇妙權力施展出來。照那地方的規矩，遇了這樣的喜事，總是要用酒的。但這次在筵席未散之前，酒已喝盡了。這種有餚無酒的窘狀，會使人想到款待不週，而款待不週是很失面子的。

有人把這種情形告訴了耶穌，祂便吩咐僕人將六隻大石缸盛滿了水。隨後祂說，「現在可以舀出來，送給管筵席的。」（約2：8）所舀出來的水已經變成酒了。這酒比起先所用的還要好，並且足夠大家暢用。

耶穌行完了這奇蹟，便暗暗地離開了。直到祂走了之後，賓客才曉得耶穌所行過的奇事。

基督在婚姻席上所行的奇事，乃是一個表號。水是代表浸禮，酒是代表祂的血，要為世人流出的。

耶穌所變的酒，並不是發過酵的酒。因為發酵的酒，會使人醺醉並引起許多的大罪惡，所以上帝禁止人喝酒。上帝說，「酒能使人褻慢，濃酒使人喧嚷；凡因酒錯誤的，就無智慧。」「酒……雖然下咽舒暢，終久是咬你如蛇，刺你如毒蛇。」（箴20：1；23：32）這次筵席上所用的酒，是純潔的葡萄的甜汁，正如同先知以賽亞所說的，「葡萄中尋得新酒，人就說，不要毀壞，因為福在其中。」（賽65：8）

基督去赴婚姻的筵席，是教我們看出這樣的歡樂集會，乃是合理的。祂樂於見到人們有快樂。祂常常到他們的家裏拜望他們，設法使他們忘掉自己的憂慮和苦惱，並叫人思想上帝的良善和仁愛。基督無論到甚麼地方，祂總是這樣行。無論甚麼人的心一開啟要接受神聖的福音，祂便將

得救的真理揭示出來。

有一天，祂經過撒馬利亞的地方，祂坐在一個井旁休息。當時有一個婦人來打水，祂便向她要一點水喝。

那婦人甚是驚異，因為她曉得猶太人是多麼地恨惡撒馬利亞人。但基督卻對她說，如果她向祂祈求，祂便要賜她活水，那婦人對此更是莫明其妙了。於是耶穌便對她說：「凡喝這水的，還要再渴；人若喝我所賜的水就永遠不渴；我所賜的水，要在他裏頭成為泉源，直湧到永生。」（約4：13、14）這活水就是指著聖靈。我們需要上帝的靈在我們的心中，正如同乾渴的旅客需要水喝一樣。凡喝這水的人，必永遠不渴。

聖靈把上帝的愛帶到我們的心中，使我們的渴望得以滿足，以致屬世的富貴和喜樂無法引誘我們，此外，它還使我們的心充滿快樂，以致巴不得別人也有這種快樂。它要在我們裏面像一股泉水，湧出福澤，惠及四周的人。

凡有上帝的靈住在心裏的人，將要在基督的國度中與祂永遠同生活，藉著信心接受聖靈，這就是永生的開始。耶穌向那婦人提起了這寶貴的福氣，如果她肯祈求，那麼祂就要賜給她。照樣，我們若肯祈求，祂也必要賜給我們。

這婦人曾犯了上帝的誡命。基督向她說明，祂已經曉得她生平的罪惡。但祂也向她說明，祂是她的朋友，祂愛她並可憐她，如果她願意離棄自己的罪惡，上帝就要接納她作自己的兒女。那婦人一聽了這些話，真是多麼地快樂！在快樂之中，她急忙轉身到臨近的村莊，去喊百姓來看耶穌。

因此他們都來到井邊，並請祂去與他們同住。祂便住在那裏兩天，教訓他們，有許多人聽從了祂的話。他們懊悔自己的罪孽，並相信祂為他們的救主。

在耶穌的傳道服務生活中，祂曾兩次回到拿撒勒的老家。第一次回去時，曾在安息日進入會堂。祂在那裏念先知以賽亞的預言，提到彌賽亞的工作——怎樣傳好信息給窮人聽，怎樣去安慰傷心的人，怎樣使瞎眼的得看見，以及怎樣醫治受傷的人等等。於是祂告訴百姓說，這一切話在這一天都應驗了。這就是祂自己所正在做的工作。

那些聽眾聽了這些話，都滿心快樂。他們相信耶穌是所應許要來的救主。他們的心都被聖靈感動，他們口裏念出熱烈的「阿們」來響應，並且大聲讚美上帝。

隨後他們又回想起耶穌先前怎樣在他們中間做木匠過活，他們常見祂在舖子裏與約瑟一同做工。雖然在祂的一生無非是仁愛慈悲的行為，但他們卻不信祂是彌賽亞。他們一有了這些思想，便開了一條路，讓撒但去管治他們的頭腦。這樣，他們的心中便充滿了怒氣，來攻擊救主。他們大喊大叫地反對耶穌，決定要加害於祂。

他們很快地把耶穌拖走，想要把祂推下山坡。但聖天使卻親近保護祂。祂就平平安安地從群眾中間一直過去，他們都找不到祂。

當耶穌第二次來到拿撒勒，百姓更不接待祂，所以祂就離開那裏，永遠不再回來了。基督為那些需要祂幫助的人們做工，因此全國的人都聚集來跟隨祂。祂醫治他們，教訓他們，大家都是極其歡樂。那時似乎是天國降在人間，他們都坐在慈悲救主的筵席上，共享主恩了。

祂的教訓

當時，宗教在猶太人之中，已經差不多是等於儀文了。他們既不是真實
敬拜上帝，又失去了上帝道理中的屬靈能力，因此只好把各種儀式和遺
傳規例，拿來填補一下了。

只有基督的血才能洗淨人的罪孽，只有祂的能力才能使人不至於犯罪。
但猶太人卻倚靠自己的行為和他們的宗教儀文，想要得救。因為他們熱
心於這些儀文，就自以為義，自以為是配進上帝的國。

然而他們的希望卻都注定在世上的尊榮。他們盼望財利和權柄，並以這
些作為他們那虛偽虔誠的報酬。他們盼望彌賽亞在地上設立祂的國度，
如同有大權柄的王管理萬民。他們盼望在祂降臨的時候，承受世上的各
種福氣。

耶穌曉得他們的盼望要變為失望。祂要來教導他們一些比他們所求的更
好的事物。祂來是要使人重新真實敬拜上帝。祂要傳一種純潔的內心宗
教，這種宗教是依賴純潔的生活與神聖的品格來表顯的。在山邊所講的
八福寶訓裏，祂闡明上帝所最寶貴的是甚麼，並且能賜給人心真正喜樂
的是甚麼。

救主的門徒已經受過拉比教訓的影響，所以基督先要教導他們。祂所給
他們的教訓，也是給我們的。我們也是需要學習這同樣的教訓。

基督說，「虛心的人有福了。」虛心的人就是那些知道自己罪孽與缺欠
的人。他們知道靠著自己是不能行善事。他們渴望上帝的幫助，這樣，
上帝的福氣也就賜給他們。「因為那至高至上，永遠長存，名為聖者的

如此說，我住在至高至聖的所在，也與心靈痛悔謙卑的人同居，要使謙卑人的靈甦醒，也使痛悔人的心甦醒。」（賽57：15）

「哀慟的人有福了。」這裏所說的哀慟的人，並不是指那些怨天尤人及滿面愁苦的人，乃是指那些為自己的罪切實懊悔，並祈求上帝饒赦的人。這樣的人，上帝必白白地饒赦。祂說：「我要使他們的悲哀變為歡喜，並要安慰他們，使他們的愁煩轉為快樂。」（耶31：13）

「溫柔的人有福了。」基督又說，「我心裏柔和謙卑，你們當……學我的樣式。」（太11：29）當祂被人錯待的時候，祂總是以善報惡。在這點上祂已經給了我們一個榜樣，我們應當照祂所行的去行。

「飢渴慕義的人有福了。」這裏所提的義就是正義，也就是服從上帝的律法，因為在那律法之中，含有正義的原則。聖經說，「因祢一切的命令盡都公義。」（詩119：172）

基督用自己的榜樣來教導人去服從那律法。在祂的生活上顯示出那律法的公義來。當我們要在心思言行上效法基督的時候，我們就是飢渴慕義了。

如果我們切實渴望要像基督一樣，這是可能做到的。我們可以使自己的生活像祂，也可以使我們的行為符合上帝的律法。聖靈要把上帝的愛帶進我們的心中，這樣便使我們樂意實行祂的旨意。天父情願將祂的聖靈賜給我們，比父母將好東西賜給他們的兒女更甚。祂的應許是，「你們祈求就給你們。」（路11：9；太7：7）凡飢渴慕義的人，「必得飽足」。

「憐恤人的人有福了。」憐恤人，這意思是說，應當待別人過於他們所

配得的款待。上帝待我們就是這樣。祂歡喜顯示慈悲。祂對於忘恩和作惡的人，仍是顯出仁愛。

祂教訓我們也當這樣彼此相待。祂說：「要以恩慈相待，存憐憫的心，彼此饒恕，正如上帝在基督裏饒恕了你們一樣。」（弗4：32）

「清心的人有福了。」上帝注重我們的實際，過於注重我們的口頭。祂不顧我們的外表怎樣漂亮，但仍是要我們的內心純潔。這樣，我們的一切言語和行為就要成為正直了。

大衛王祈禱說，「上帝啊，求祢為我造清潔的心。」「耶和華我的磐石，我的救贖主啊，願我口中的言語，心裏的意念，在祢面前蒙悅納。」（詩51：10；19：14）這樣的祈禱，應當作為我們的祈禱。

「使人和睦的人有福了。」凡有基督那樣柔和謙卑的精神，必是一個使人和睦的人。那樣的精神不會惹起口角，也不會有忿怒的回答。它使家庭快樂，並帶來慈祥和睦，造福四周圍的人。

「為義受逼迫的人有福了。」（太5：3～10）基督知道自己的許多門徒，將要為祂的緣故而被下監牢，並有許多要被殺害。但祂卻告訴他們不要為此悲傷。

沒有甚麼能傷害那些敬愛和跟隨基督的人。耶穌要隨處與他們同在。他們也許要被人處死，但主卻要賜給他們無窮的生命，及永不朽壞的榮耀冠冕。

別的人從門徒們的身上，將要認識這位親愛的救主。基督對祂的門徒

説：「你們是世人的光。」（太5：14）那時耶穌快要離開世界，回到天上的家裏去。但門徒卻要把祂的愛教導人，他們是要在人間作光。

燈塔裏的燈，在黑暗之中發射光芒，引導船隻安穩地進港；照樣，基督的門徒也是在黑暗的世界中發光，引導人歸向基督並進入天家。

這就是基督的一切門徒所應當作的工。祂招呼他們來與祂合作，去拯救別人。

基督的聽眾對於這樣的教訓，很是覺得新奇，而基督卻是多次地重述給他們聽。某次，有一位律法師來問耶穌説：「夫子，我該作甚麼才可以承受永生？」耶穌對他説：「律法上寫的是甚麼？你念的是怎樣呢？」

他回答説：「你要盡心、盡性、盡力、盡意愛主你的上帝；又要愛鄰舍如同自己。」

耶穌説：「你回答的是；你這樣行，就必得永生。」那位律法師未曾作過這樣的事。他曉得自己沒有愛過別人像愛自己一樣。他不但不悔改，反而是要找話來為自己的私心作辯護。因此他問耶穌説：「誰是我的鄰舍呢？」（路10：25～29）

祭司和拉比們常常辯論這個問題。他們不稱窮人和愚民作他們的鄰舍，也不向他們顯出仁慈。基督不參加他們的辯論；他卻把不久之前所發生的一件事述説出來，作為回答。

祂説，有一個人從耶路撒冷下來，往耶利哥去。那條路崎嶇難行，並要經過一段荒涼冷靜的地帶。此人在那裏被強盜們抓住了，奪了他一切所

有的，並把他打傷，丟在路上等死。當這個人這樣地躺在那兒的時候，有一個祭司和一個利未人，先後從耶路撒冷的聖殿出來，路過那裏。他們非但沒有幫助這位可憐的人，反而從路的那一邊走過去了。這兩個人已經被揀選在上帝的殿裏服務，他們應該效法上帝一樣滿有慈悲和仁愛。但他們的心卻冷淡與麻木。

過了一時，有一位撒馬利亞人行近那裏。撒馬利亞人本是猶太人所輕看所恨惡的。沒有一個猶太人肯把一口水或一塊餅給撒馬利亞人。但這位撒馬利亞人卻不想這些，他也不想到強盜們也許是在注意著他。

良善撒馬利亞人將受傷不幸之人運到旅店養病。

在那裏躺著一位陌生人，流血等死。這撒馬利亞人就脫掉自己的衣服，來包裹那人。他把自己的葡萄汁給他喝，並倒油在他的傷口上，又把他扶上自己的牲口，送他到客店裏，整夜地看護他。

第二天早晨，臨走之前他付錢給客店主人，囑咐店主看護他。直到他健康復原。耶穌講到這地方，隨即轉過來問那個律法師，說：「你想這三個人，那一個是落在強盜手中的鄰舍呢？」

律法師回答說：「是憐憫他的。」

隨後耶穌說：「你去照樣行吧。」（路10：35～37）耶穌這樣教訓，叫我們曉得凡需要我們幫助的人，就是我們的鄰舍。我們要待他，正如同我

們要別人怎樣待我們一樣。

這祭司和利未人是假冒遵守上帝的律法，但那撒馬利亞人卻真正遵守了上帝的律法，他的心是慈悲和仁愛。

在照護受傷的陌生人上，他顯出了愛上帝和愛人的心。因為上帝歡喜我們去向別人行善。我們愛四圍的人，那就是顯出我們愛上帝的心了。一種仁愛慈悲的心腸，是比世間一切財富還寶貴，凡活著行善的人，就是顯明他們是上帝的兒女。他們是將要與基督同住在祂的國中。

耶穌遵守安息日

救主遵守安息日，也教訓祂的門徒去遵守。祂曉得應當怎樣遵守這日，因為祂自己設立安息日為聖日。聖經說，「當紀念安息日，守為聖日。」「但第七日是向耶和華你上帝當守的安息日。」「因為六日之內，耶和華造天、地、海和其中的萬物，第七日便安息；所以耶和華賜福與安息日，定為聖日。」（出20：8、10、11；31：16、17）

基督已經與天父一同創造天地，祂也設立了這安息日。聖經說，「萬物是藉著祂造的。」（約1：3）當我們看見太陽、星宿、樹木和美麗花草的時候，我們應當紀念這些都是基督所創造的。祂設立安息日，是要幫助我們紀念祂的慈愛和權柄。

猶太的教師們，立了許多規則，論到遵守安息日的方法，並且要人人照著這些規則去行。因此他們就注意耶穌，要看祂是怎樣的守法。

有一個安息日，當基督與他的門徒，從會堂出來要回家的時候，他們從一塊麥田裏經過。那時天很晚了，門徒都很飢餓，所以他們就掐一些麥穗子在手裏搓著吃。在平常無論那一天，若有人經過田間或果子園，他可以隨意採取來吃，但在安息日卻不可這樣。耶穌的仇敵看見門徒所作的事，就對救主說：「看哪，祢的門徒作安息日不可作的事了。」（太12：2）

但基督卻為門徒辯護。祂提醒那些控告者說，大衛在需要的時候，曾吃了上帝殿裏的聖餅，並給跟隨他的人吃。倘若大衛在饑餓的時候，吃聖潔的餅是合理的。那麼，祂的門徒因飢餓，在安息日神聖的時間內掐麥穗吃，又有甚麼不合理的呢？

安息日的設立，並不是要加重擔於人，它乃是與人有益，給人平安健康和安息。因此主說，「安息日是為人設立的，人不是為安息日設立的。」（可2：27）

「又有一個安息日，耶穌進了會堂教訓人。在那裏有一個人右手枯乾了。文士和法利賽人窺探耶穌，在安息日治病不治病；要得把柄去告祂。耶穌卻知道他們的意念，就對那枯乾一隻手的人說，起來，站在當中。那人就起來站著。」

「耶穌對他們說，我問你們，在安息日行善行惡，救命害命，那樣是可以的呢？」

「耶穌嚴肅看著他們，憂愁他們的心剛硬，就對那人說，伸出手來；他把手一伸，手就復了原。」「他們就滿心大怒，彼此商議，怎樣處治耶穌。」（路6：6～9、11；可3：5）

救主為要顯示出他們心中的意念是多麼地無理由，便向他們發出一個問題說，「你們中間誰有一隻羊，當安息日掉在坑裏，不把牠抓住拉上來呢？」

他們不能回答這句話。所以耶穌又說，「人比羊何等貴重呢？所以在安息日作善事是可以的。」（太12：11、12）「是可以的，」這句話的意思，就是「合法的。」基督從來沒有責備猶太人守上帝的律法和尊敬安息日。反過來說，祂始終是高舉律法的全部。

以賽亞預言基督說，祂「喜歡使律法為大、為尊。」（賽42：21）「為大」的意思，就是要擴大，要高舉到更高的地位上。基督把律法的每

一部分奇妙意義闡明出來，這就是使律法為大。祂顯示人要順從律法，不但是在人所能見的行為上順從，也是在那只有上帝知道的內心中要順從。

法利賽人責備耶穌的門徒在安息日掐麥穗吃。

對於那些想祂來是要把律法廢去的人，祂說：「莫想我來要廢掉律法和先知；我來不是要廢掉，乃是要成全。」（太5：17）要成全，這意思就是遵守或實行。（雅2：8）所以當祂到施洗約翰那裏去領洗的時候，祂說：「因為我們理當這樣盡諸般的義。」（太3：15）要成全律法，就是要完完全全地順從律法。

上帝的律法是永遠不能被改變的；因為基督說，「就是到天地都廢去了，律法的一點一畫也不能廢去，都要成全。」（太5：18）

「在安息日行善行惡，救命害命，那樣是可以的呢？」當祂發這個問題的時候，乃是顯明祂能夠查察那控告祂的法利賽人的心思意念。當耶穌正要設法給人醫病救人性命的時候，他們卻是要傷害生命，而要將耶穌治死。他們在安息日想要殺人，這能比祂所作的救人醫病的事更好嗎？在上帝的聖日中，存心害人能比存心愛眾人還好嗎？我們的愛乃是藉著慈悲的精神和恩惠的行為上才能顯示出來。猶太人多次控告耶穌犯安息

日。又因為祂不照著他們的規例守安息日，便常常想要殺祂。但這種計畫，卻不能使耶穌作何改變。祂總是照著上帝所要的去遵守安息日。

在耶路撒冷有一個大池，名叫畢士大。有些時候，池水會波動起來。百姓相信那是一位天使下去攪動那水，在水動以後，頭一個下到水裏去的人，無論患甚麼病，都必得痊癒。許多人來到這地方，盼望得醫治；但大半的人卻失了盼望。當水動的時候，眾人紛紛擁上，有許多人甚至於連池邊也不能走到。

有一個安息日，耶穌來到畢士大。當祂看見這許多生病受苦的人之時，祂的心裏就充滿了憐憫。

有一個人以乎是比別人還要可憐。他已經成為癱子三十八年之久。沒有醫生能治癒他。他被人抬到畢士大池邊，有很多次數了；但當池水攪動的時候，別的人總是比他先下去。在這個安息日，他又想再度到池邊，但仍是沒有成功。耶穌看見他爬回到自己的褥子上去。他的力氣差不多用完了，若沒有人快來幫忙，他一定會死的。

當他躺在那裏，不時地舉目望著池水的時候，有一幅慈祥的臉俯對著他，他也聽到一種聲音説，「你要痊癒嗎？」

那人憂愁地回答道，「先生，水動的時候，沒有人把我放在池子裏；我正去的時候，就有別人比我先下去。」他不曉得那站在他旁邊的這一位能夠醫治人的病，祂不但能醫治一人，而且也能醫治一切要來就祂的人。基督對他説：「起來，拿你的褥子走吧。」他立即順從那命令，力氣就來到他身上。他的腳跳起來，覺得自己能站立，能走路了。那時真是多麼地快樂！

他拿起褥子，急忙回家，每走一步路，便讚美上帝。不久，他就遇到幾個法利賽人，便把他的奇妙痊癒告訴他們。他們似乎不快樂，反而責備他不應該在安息日搬褥子。那人告訴他們說，「那使我痊癒的，對我說，拿你的褥子走吧。」（約5：1～11）隨後他們便不再討厭他，轉而斥罵那吩咐他在安息日裏搬褥子的一位。

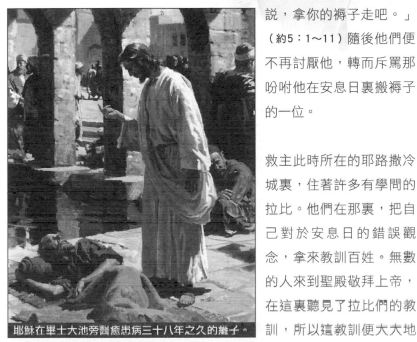
耶穌在畢士大池旁醫癒患病三十八年之久的癱子。

救主此時所在的耶路撒冷城裏，住著許多有學問的拉比。他們在那裏，把自己對於安息日的錯誤觀念，拿來教訓百姓。無數的人來到聖殿敬拜上帝，在這裏聽見了拉比們的教訓，所以這教訓便大大地傳開了。基督想要矯正他們的錯誤。這就是祂在安息日治癒那人並叫他拿褥子走的緣故。祂曉得這種行徑，必要引起拉比們的注意，這樣便會給祂一個機會去教訓他們。那時事實果然如此了。法利賽人把基督帶到猶太公會的首腦部去，要定祂犯安息日的罪。

救主宣稱自己的行動是與安息日的律法相符合的，也是與上帝的旨意與上帝的工作符合的。耶穌對他們說，「我父作事直到如今，我也作事。」（約5：17）

上帝不斷地做工來維持每一生物的生存。祂的工作在安息日要停止嗎？

上帝應當在安息日吩咐太陽不出來嗎？祂應當隔斷太陽的光線，不使地球溫暖及草木生長嗎？在安息日應當使河水停流，不灌溉田地嗎？應當使大海的波浪平靜，潮水不起伏嗎？應當使五穀菜蔬不生長，樹木花草不開花不結果嗎？

若果這樣，那麼人類就要失去了大地的出產，以及維持生命的福澤了。自然界必須繼續她的工作，否則，人類便要死亡。同時人類在這一天裏也有一種工作要做。要顧到生活的飲食，要看護疾病者，要賙濟窮人。上帝不願祂所造的萬物，在安息日或別的日子中，受一點可能免除的苦痛。

天上的工作永不停止，所以我們也不應當停止行善。在上帝的安息日之中，律法禁止我們去做自己的工。生計的勞碌，必須停止；在這日裏以勞力去追尋世俗的歡樂與利益，那也是不合法的。但安息日也不是要我們消磨在無聊閒散之中。正如上帝停止了祂創造的工，在安息日上安息了，照樣我們也應當安息。祂囑咐我們把日常的業務放在一邊，專用這些神聖的光陰去作有益於健康的安息，去敬拜上帝，並去作聖潔的事。

好牧人

好牧人在羊群前面領路。

救主提到自己是一個牧人，並提到祂的門徒是一群羊。祂說：「我是好牧人，我認識我的羊，我的羊也認識我。」（約10：14）

基督快要離開祂的門徒，所以祂用這話來安慰他們，當祂不在的時候，使他們還可以想起祂的話來。每逢他們看見一個人看守羊群的時候，他們就會想起了救主的愛與照護。

在那一帶地方，牧人是晝夜與羊群同在的。日間領他的羊上高山，過大林，引導牠們到溪流旁邊快樂的青草場上。在夜裏，他看守羊群，保護牠們，免得被潛伏於附近的野獸與盜賊所殘害。他留心照護那軟弱與生病的羊。他把小羊放在臂上，抱在懷裏。

雖然羊群很多，但牧人還是認得每一隻羊。他給每隻羊起一個名字，並按牠的名字去呼喚牠。

照樣，天上的牧者基督，也是照護祂散在地上的羊群。祂知道我們所有

人的名字。祂也知道我們所住的房屋，並知道屋內每位的名字。祂照護每一個人，好像世上再沒別人了。

牧人是在羊群之前行走，擋住各樣的危險。他遭遇著野獸和盜賊。有時牧人因為看護羊群而喪生。救主也是這樣看護祂的門徒。祂在我們的前面行走。祂在世間跟我們一樣的生活過，也曾從幼年長大到成人。祂勝過撒但和他的一切試探，以致我們也能勝過。

祂死是為拯救我們。現今祂雖然是在天上，仍是時時刻刻不忘記我們。祂要安然地照護每一隻羊。凡跟從祂的，沒有一個會被大仇敵奪得去的。

一個牧人或許有一百隻羊，但若失落了一隻，他也不與那些在羊圈裏的同處。他必出去尋找那迷失了的羊。他在深黑的夜裏，身經暴風雨，橫山越嶺，去尋找，直到尋找著了，才肯休息。

尋著了之後，便把牠扛在肩上，帶回到羊圈中。他並沒有為這回長久艱苦的尋找而埋怨，但乃是歡喜地說：「我失去的羊已經找著了，你們和我一同歡喜吧。」（路15：4～7）

我們的牧人——救主——也是這樣，祂不但照護那已經在羊圈中的羊，祂乃是說，「人子來為要拯救失喪的人。」（太18：11）「我告訴你們，一個罪人悔改，在天上也要這樣為他歡喜，較比為九十九個不用悔改的義人，歡喜更大。」（路15：7）

我們已經犯罪，並已離開了上帝。基督說我們如同羊遠離了羊圈。祂來是幫助我們過無罪的生活。這就是祂所謂呼召我們歸回到羊圈裏。（上

當我們與牧人一同回來，不再犯罪了。基督就要向天上的使者說：「我失去的羊已經找著了，你們和我一同歡喜吧。」隨後從天使的歌　隊裏便發出了快樂的歌聲，使整個天庭充滿了和諧之曲。

基督並沒有對我們形容一個牧人尋不著羊而垂頭喪氣地回去。祂乃是保證上帝羊群中的羊，決沒有一隻羊走迷了路，便被牧人忽略不管了。沒有一隻是被撇下無人幫助。凡願意自己得救贖的人，救主必要拯救他脫離罪惡的捆綁。

但願每一個離開羊圈的流浪者，都鼓起勇氣來。好牧人正是尋找你呢。當記得，祂的工作就是「要拯救失喪的人。」這失喪的人，就是指著你而說的。

主用極大的價錢贖你回來，你若疑心自己能否被救贖，那麼就是疑心主的拯救能力了，應當用信心來代替不信之心，仰望那為你而被釘傷的手，並要為那雙手的拯救能力而歡樂。

應當記得上帝與基督都是關心你，全體天使也都參加這拯救罪人的工作。

基督在世的時候，祂用神蹟奇事來顯出祂有救人到底的能力。祂醫治人身體的疾病，顯出祂能從人心裏除掉罪孽。

祂使瘸腿的人走路，使聾子聽見，瞎子看見，痲瘋潔淨，癱子痊癒，並醫好各種各樣的疾病。祂的話，趕出了那些附在人身的污鬼。那些看見

這奇事的人都驚訝，並説：「這是甚麼道理呢？因為祂用權柄能力吩咐污鬼，污鬼就出來！」（路4：36）

耶穌一吩咐，彼得就能在海上行走。但他的眼睛卻必須望著救主。他的視線一離開了耶穌，他便開始疑惑並沉下去了。於是他喊叫説：「主啊，救我，」主一伸手就將他救起來了。（太14：28〜31）照樣，無論甚麼人求耶穌幫助，基督的手就要伸出來拯救他。

救主曾使死人復活，其中有一位是拿因城寡婦的兒子。正在他們把他抬去埋葬的時候，遇見了耶穌。祂就拉那少年人的手，叫他復活起來，交給他的母親。隨後眾人都回到自己的家裏去，大聲歡呼，讚美上帝。

睚魯的女兒，也是這樣復活的；還有藉著基督的話，那已經死了四天的拉撒路，也從墳墓中被叫了出來。

照樣，當基督復臨的時候，祂的聲音要透入墳墓，並使「那在基督裏死了的人必先復活，」得永遠不死的生命；「這樣，我們就要和主永遠同居。」（帖前4：16、17）

我們的主在世傳道服務的時期中，成就了奇妙的事業。在祂給施洗約翰的回答中，曾提到這種事業。那時，約翰正在監牢裏，灰心絕望，甚至起了疑心，不知耶穌到底是否真彌賽亞。

因此他就派幾個自己的門徒去問救主，説：「那將要來的是甚麼？還是我等候別人呢？」

當約翰所差來的使者到了耶穌那裏的時候，有很多病人圍著耶穌，祂正

在醫治他們。那些使者們等候了一整天，耶穌卻毫不疲倦地積極幫助那些有病苦的人。後來救主對他們說：「你們去把所聽見所看見的事告訴約翰：就是瞎子看見，瘸子行走，長大痲瘋的潔淨，聾子聽見，死人復活，窮人有福音傳給他們。」（太11：3～5）

如此有三年半之久，耶穌「周流四方行善事。」及至祂在世上傳道服務的時期快要完結了，祂就必須同門徒上耶路撒冷、被賣、定罪，並被釘死在十字架上。這樣就應驗了祂自己的話說，「好牧人為羊捨命。」（約10：11）

「祂誠然擔當我們的憂患，背負我們的痛苦；……祂為我們的過犯受害，為我們的罪孽壓傷；因祂受的刑罰我們得平安；因祂受的鞭傷我們得醫治。我們都如羊走迷，各人偏行己路；耶和華使我們眾人的罪孽都歸在祂身上。」（賽53：4～6）

騎驢進耶路撒冷

耶穌行近耶路撒冷，要去守逾越節的時候，有許多人圍著祂。他們也是要到那裏去守這一年一度的大節期的。祂吩咐兩個門徒，牽一匹小驢駒來，以便騎進耶路撒冷。他們把自己的衣服搭在牲口的背上，並扶耶穌騎上去。

祂剛一上驢，空中就發出一陣勝利的歡呼。原來群眾高聲喊叫耶穌為彌賽亞，為他們的王。在五百多年前，曾有先知預言到這個景象，說：「錫安的民哪，應當大大喜樂；……看哪，你的王來到你這裏；……謙謙和和地騎著驢，就是騎著驢的駒子。」（亞9：9）

人數很快地越添越多，都是歡呼與興奮。他們不能奉獻貴重的禮物，但他們卻將自己的外衣鋪在耶穌要經過的地上，如同地毯一般。他們折下美麗的橄欖樹枝與棕樹枝，鋪在地上。他們以為自己正是護送基督到耶路撒冷城裏，去登上大衛的寶座。

此事以前救主從未讓祂的門徒以皇帝的禮敬待祂。但在這一次，祂卻特別願意向世人顯出自己是世界的救贖主。

上帝的兒子將要為人類的罪孽而成為犧牲。在此後的歷代教會，必須以祂的死，作為一個具有高深思想與研究的題目。所以眾人的眼睛，現在都應當仰望祂，這是一種需要。

從這幕景象以後，祂的苦難與被釘十字架的事，便永不能在世人之前隱藏起來了。這是上帝的計畫，要使救主臨難前數日的每一椿事，都極清楚地顯明出來，以致使人無法忘記。

在大批圍繞救主的群眾中，便有那證明祂有行奇事能力的種種憑據。

那曾被祂恢復視覺的瞎子們，這時正是在大眾之前作嚮導。

那曾被祂解放了舌頭的啞吧，這時正是大聲歡呼「和散那」。

那曾被祂醫好的瘸子，

這時歡樂跳躍，並且極其活躍地在救主之前揮動棕樹枝。

寡婦和孤兒，也是因為祂所行的慈悲善事，而高聲讚揚耶穌的名字。

那些曾被耶穌的一句話潔淨的癲瘋病人，

這時候脫下他們的衣服，舖在地上。

那些被救主賜生命的聲音所呼喚，

而從死裏復活的人們，這時也都聚集在那裏。

那曾在墳墓中發臭了的拉撒路，現在是身強體健，飽滿光輝，同著那些快樂的群眾，護送救主上耶路撒冷。

還有些新來的人，也受了當時的感動加入在群眾之中，前呼後應的歡樂喊聲，從這山傳到那山，從這谷傳到那谷：「和散那歸於大衛的子孫，奉主名來的，是應當稱頌的！高高在上和散那。」（太21：9）許多法利賽人看見了這個景象，就不喜歡。他們覺得自己正在失掉那管理百姓的權柄。因此，就用盡他們的一切權柄，竭力要彈壓住民眾；但他們的威嚇與請求，反而是增加了他們的熱情。

他們看見自己管不住百姓，便從眾百姓中間穿過，直到耶穌的面前，對祂說：「夫子，責備祢的門徒吧！」他們說這種喧譁騷亂是不合法的，不能得到官長許可的。

耶穌說：「我告訴你們，若是他們閉口不說，這些石頭必要呼叫起來。」（路19：39、40）

這幕勝利凱旋的景象，乃是出於上帝自己的預定；諸先知曾預言過此事，也是世上沒有甚麼權力能夠阻止它的。上帝的工作，無論世人怎樣地阻擋和破壞，總是繼續不斷地前進。

當這隊民眾遊行到山崗上，耶路撒冷大城的華美景象，完全收入眼中。這時那大批群眾寂靜了他們的呼聲，都茫然在那突然出現的美麗景象中。大家的眼睛轉望到救主，盼望從祂的臉上，可以看出祂是稱讚那大城像他們的觀感一樣。

耶穌騎驢進入耶路撒冷。

耶穌停住了，祂的臉上堆著一片愁雲，群眾看見祂忽然悲慟哀哭，便都驚奇起來。那些圍繞著救主的人們，不能瞭解祂的悲痛；不曉得祂是為這城的劫數已定而悲慟哀哭。

這座城曾成為祂所愛護的兒女，現在祂既知道它不久就要成為荒涼，所以祂的心便充滿了憂愁。

倘若城裏的百姓肯留心基督的教訓，接受祂作救主，那麼耶路撒冷城就要「堅立到永遠。」這城也許可以作萬國的首領，在上帝所賜的權力中，自由自主。於是便不致於有武裝的士兵站在城門口，也沒有羅馬國的旌旗飛揚在城牆上。列國要從耶路撒冷得到太平，這城也要成為世上頭等的榮耀。

但是猶太人已經拒絕了他們的救主，而且即要把他們的王釘死。在那天日落的時候，耶路撒冷的劫數就要永遠定規了。（**大約過了四十年之後，耶路撒冷被羅馬的軍兵放火焚燒，完全毀滅了。**）

當耶穌與大批隨從的群眾行近耶路撒冷城的時候，有人已經把這番情形向官廳報告了。他們出去迎接耶穌，想要解散那些群眾。他們顯出無限的威風，發問道：「這是誰？」（太21：10）

眾門徒受了聖靈的感動，回答說：

「亞當要告訴你們，這是女人的後裔，將要打傷蛇的頭。」

「你們問亞伯拉罕，他會告訴你們，這是麥基洗德，撒冷的王，和平之君。」

「雅各會告訴你們，祂是猶大支派的示羅。」

「以賽亞會告訴你們，祂是以馬內利、奇妙、策士、全能的神、永在的父、和平的君。」

「耶利米會告訴你們，祂是大衛的苗裔，耶和華，我們的義。」

「但以理會告訴你們，祂是彌賽亞。」

「何西阿會告訴你們，祂是耶和華萬軍之上帝，耶和華是祂可紀念的名。」

「施洗的約翰會告訴你們，祂是上帝的羔羊，除去世人罪孽的。」

「偉大的耶和華，從祂的寶座上宣佈說，這是我的愛子。」

「我們是祂的門徒，現在對你們說這位就是耶穌、彌賽亞、生命之君、救贖主。」

「甚至於黑暗的魔君也要對祂承認說，我知道祢是誰，祢乃是上帝的聖者！」

「把這些東西拿去」

耶穌在聖殿趕走做生意的人。

第二天,基督進入聖殿。在三年前,祂曾來過這殿,那時祂見到聖殿的外院裏,有人做買賣,便斥責他們,並把他們趕出去。

現在祂又重來此殿,見到那些買賣還是照舊做著。院子裏充滿了牛羊雀鳥。這些東西是要賣給那些為自己的罪而來獻祭之人的。

在院子裏的這些買賣之中,常有勒索搶奪的事,像這樣大聲的爭吵喧譁,極其擾亂了在聖殿內敬拜上帝的人。

基督站在殿的階梯上,再度地以刺人目光,向院子裏掃射了一遍。眾人的眼光,都注意著祂。百姓的聲音和禽獸的聲音,都停止了。眾人都驚懼希奇,望著上帝的兒子。

神聖射透了人性,使耶穌顯出了祂從來所未曾施顯過的尊嚴和榮耀。全場寂靜到了極度。

後來主用洪亮有能力的聲音,如同大風一般地壓住了百姓,說:「經上說,『我的殿,必作禱告的殿。』你們倒使它成為賊窩了。」(路19:46)

袖又用比三年以前更大的權威，命令他們說：「把這些東西拿去。」

這殿內的祭司和官長們，先前曾有過一度聽見了這個聲音而逃跑，過後卻覺得自己的膽小為可恥，並認為以後再也不會作那樣的逃跑了。

然而他們這時卻是比前一次更加害怕與更加焦急，一聽見了主的命令，立刻就趕著牛羊逃出殿外面去。

不久，院子裏就充滿了許多的人，他們帶了病人來請耶穌醫治，其中有些是將死的人，這些受痛苦者都有迫切的需要。

他們懇切地定睛望著基督的面上，又懼怕見到袖起先逐出買賣人時所顯出的嚴厲。但是他們從袖的臉上所見到的，卻只是慈愛和憐恤而已。

耶穌很和氣地接受這些病人，用手一摸，他們的疾病與痛苦就消散了。袖又慈愛地把小孩子們摟抱著，撫慰他們不要啼哭，除掉他們的疾病和疼痛，然後送回給他們的母親，他們都變成了笑容滿面與強健活潑的孩子了。

當那些祭司與官長們謹慎地回到殿來的時候，他們見到了一幕何等的景象啊！他們聽見男女老幼，都發出了讚美上帝的聲音。他們見到病人醫好了，瞎子恢復了視覺，聾子能聽見，和瘸子會歡樂跳躍。

小孩子們在這場歡呼快樂中領頭。他們再三地呼喊著前一天所喊過的「和散那，」並在救主的面前揮揚棕樹枝。聖殿一再地響應著他們的歡樂呼聲：「*和散那歸於大衛的子孫！*」
「*奉主名來的，是應當稱頌的！*」（太21：9）

「看哪，你的王來到你這裏；祂是公義的，並且施行拯救。」（亞9：9）

官長們設法要制止這些快樂的孩子們的呼聲，但他們卻都為了耶穌所行的奇事而充滿了喜樂與讚美，以致無法安靜下來。

官長們隨即轉身到救主面前，盼望祂可以命令他們停止呼喊。因此他們便對祂說：「這些人所說的，祢聽見了嗎？」

耶穌回答說：「是的，經上說：『你從嬰孩和吃奶的口中，完全了讚美的話。』你們沒有念過嗎？」（太21：16）

這些驕傲的官長們，把傳揚基督降生及推進祂地上工作的有福特權，完全拒絕了。

但主的榮耀仍是必要傳揚，所以上帝就揀選這些孩子們來作成此事。如果這些快樂的孩子們的呼聲會被制止了，那麼，聖殿的柱子也必要喊唱出救主的讚美。

逾越節的晚餐

以色列人第一次吃逾越節的晚餐，就是在埃及國為奴被釋放的那一夜。
上帝已經應許要釋放他們。祂也已經告訴他們說，埃及國每一家的頭生
男孩，都要被殺滅。

祂已經告訴他們，要將所宰的羊的血，塗在自己的門上，作為記號，以
便那滅命的天使可以越過去。至於羔羊的肉，他們可以烘了在晚上吃，
也要和無酵餅和苦菜同吃，這是表明他們作奴僕受苦的意思。當他們吃
羊羔的時候，他們必須預備上路，必須腳上穿鞋，和手裏拿杖。他們都
照著主的吩咐去行，當天晚上，埃及王諭告他們說，他們可以得釋放。
到了清晨，他們就起身，往應許之地去。

所以每年逢著這離開埃及的一夜，全部的以色列人都要到耶路撒冷去守
這逾越節。在這個節期中，每一家都要烤一隻羊，和無酵餅與苦菜同
吃。像他們的祖宗在埃及所行的一樣。他們也同兒女說明，上帝的慈心
怎樣解放他們脫離奴籍的故事。

現今時候已到，基督要與祂的門徒同守這節期，祂便吩咐彼得與約翰去
找一個地方，並預備逾越節的晚餐。這時候有許多人來到耶路撒冷，那
些住在城裏的人，常常將自己的一間房子預備好，供給外來的客人作為
守節之用。

救主告訴彼得和約翰說，當他們進城的時候，必要遇到一個人，拿著一
瓶水。他們就要跟著那人，並到他所進的房子裏去，隨後可以對那個好
人商量借房子的事情，說：「夫子說，客房在哪裏，我與門徒好在哪裏
吃逾越節的筵席？」

然後這個人就要指給他們樓上一間擺設整齊的大屋子；他們便可以在那裏預備逾越節的晚餐。他們去了，果然所遇見的，都正與救主所告訴他們的一樣。

在這次的逾越節晚餐裏，只有門徒與耶穌同在。他們與主每年同吃這筵席的時候，總是滿心愉快；但現今祂卻是心神不安。後來，祂用動人的聲音憂愁的對他們說：「我很願意在受苦以先，和你們吃這逾越節的筵席。」

在桌上擺設有葡萄汁，祂便接過杯來，祝謝了，說：「你們拿這個。大家分著喝。我告訴你們，從今以後，我不再喝這葡萄汁，直等上帝的國來到。」（路22：11、15、17、18）

這是基督末了一次同門徒守逾越節。這真是歷代以來所遵守的逾越節的最後一回了。因為屠殺羔羊的儀式，乃是教訓百姓論到基督的死；上帝的羔羊基督應當為世人的罪受死的時候到了，此後，自然不必再要宰殺羔羊來代表祂的死了。

當猶太人定意要拒絕基督並將祂治死的時候，他們就是拒絕了這逾越節中所有的價值與意義了。從此以後，他們對於這個節期的遵守，乃是一個無價值的儀文了。

基督守這逾越節的時候，祂那最後大犧牲的景象，卻映在祂的心上。祂這時是處在十字架的陰影之下，祂的心備受痛苦。祂知道有各種的慘痛等候著祂。

祂知道自己降世所要拯救的人們，必要向祂顯出忘恩負義與殘暴兇惡。

但祂卻沒有想到自己所要受的痛苦，反而是哀憐那些拒絕祂為救主並失去永生的人們。

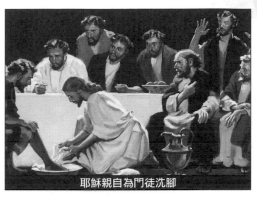
耶穌親自為門徒洗腳

同時祂那想念門徒的心，也是超過了一切。祂知道在自己受過了苦難以後，他們必要在世上單獨奮鬥。祂有許多事情要告訴他們，使他們在祂離別之後，還可以記在心上。祂盼望趁在祂未死之前，在這末了一次的聚會中，把這些事給他們講說。

但是現在祂不能告訴他們，因為祂已看出他們是沒有預備好去聽祂。在他們當中起了一場爭執。他們還是想基督不久要做王，每個人都要在祂的國度中得最高的地位，所以他們彼此有了嫉妒和忿怒的心。

此外還有一個糾紛的緣故，就是坐席的時候，按著規矩應當有一個僕人替客人洗腳。在這時候，洗腳所用的各項物件都預備好了，有水瓶、腳盆、手巾等等，只等著人的使用就是了。然而這時候，沒有甚麼僕人在場，所以門徒們便有了本分去做這洗腳的事。

但是各位門徒都想自己不要作弟兄們的僕人，不願意去洗他們的腳；所以他們都靜默不言地各自坐席。

耶穌等了一會兒，看看他們要怎麼辦。於是祂便自己起來，離開坐位，用手巾繫了腰，倒水在盆裏，下手洗門徒的腳。祂為了他們的爭執而憂

傷，但又沒有用尖刻的話去責備他們。祂自己做門徒的僕人，藉以表顯出自己的愛心來。祂洗完了之後，就對他們說：「我是你們的主，你們的夫子，尚且洗你們的腳，你們也當彼此洗腳。我給你們作了榜樣，叫你們照著我向你們所作的去作。」（約13：14、15）

基督這個樣子教訓門徒，要他們應當彼此相助。各人不要為自己尋找最高的地位，乃是應當情願服事他的弟兄。救主到世上來，是要作服務別人的工作。祂在世是要幫助並拯救那些有缺欠和有罪的人。祂要我們照祂所作的去作。

這時各位門徒很是為自己的嫉妒和私心而覺得羞愧。各人的心中都充滿了愛主和彼此相愛的心。這樣他們便可以留心聽基督的教訓了。

當他們還在坐席的時候，耶穌拿起餅來，祝謝了，就擘開遞給門徒，說，「這是我的身體，為你們捨的；你們也應當如此行，為的是紀念我。」「飯後也照樣拿起杯來，說，這杯是用我血所立的新約，是為你們流出來的。」（路22：19、20）

聖經上說，「你們每逢吃這餅，喝這杯，是表明主的死，直等到祂來。」（林前11：26）

這餅和葡萄汁，乃是代表基督的身體和血。餅被擘開，葡萄汁被倒出，照樣在十字架上，基督的身體也被擘開，並且祂的血也要流出，來拯救我們。

我們吃這餅和喝這葡萄汁，乃是表明我們相信這回事，表明我們懊悔自己的罪和接受基督為我們的救主。

當門徒與耶穌同席的時候，他們看出他們的主似乎是還有大憂愁。一片愁雲籠罩著他們，他們只在寂靜之中飲食。到了後來，耶穌開口說：「我實在告訴你們，你們中間有一個人要賣我了。」

耶穌與門徒一同坐席

眾門徒聽見了這些話，便甚憂愁並且驚奇得很。每個人都查驗自己的心，要曉得自己是否有害主的惡意。他們一個一個地問道，「主，是我嗎？」

只有猶大一個人還在那裏靜默不做聲。這樣便引起了眾人的注意，都望著他。及至他一覺得自己是被人注意了，他便也開口問道，「主，是我嗎？」於是耶穌莊嚴地回答道：「你說的是。」（太26：21、22、25）

雖然耶穌已經洗了猶大的腳，但這卻沒有使他更愛救主。他很生氣基督要做僕人的工作。現在他既曉得基督將不會做王，便越發定意要把祂賣掉。

猶大雖然看出自己的心意已經被人知道了，但他還是不害怕，反而是怒氣沖沖地快快離開那屋子，到外面去實行他的惡計。在猶大出去之後，其餘的人才覺得舒服。救主的臉上發出光來，這樣便把門徒中的一片烏雲消散了。

這時基督同門徒談了一些時候，說祂要到祂父親的家裏去，要為他們預備地方，並要回來接他們去與自己同住。祂應許說，在自己走了之後，

要差遣聖靈來做他們的教師和保惠師。祂又告訴他們，要奉祂的名去祈求，所求的就必蒙應允。

隨後祂就為他們祈禱，求上帝使他們可以離開惡事，並能夠彼此相愛，如同祂愛他們一樣。

耶穌也是為我們祈禱，正如同為先前的門徒祈禱一樣，祂說：「我不但為這些人（門徒）祈求，也為那些因門徒的話信我的人祈求，使他們都合而為一。正如祢在我裏面，我在祢裏面，使他們也在我們裏面，叫世人可以信祢差了我來。……也知道祢愛他們如同愛我一樣。」（約17：20～23）

在客西馬尼園中

救主在地上的生活，乃是祈禱的生活。祂用了許多的時候，獨自與上帝同在。祂常常向天上的父作懇切的祈求。這樣，祂便接受了能力和智慧，扶助祂做工，使祂不至於落在撒但的誘惑中。

耶穌和門徒吃了逾越節晚餐之後，同他們到客西馬尼園裏去，那裏是祂常去祈禱的地方。祂一面走，一面同他們談話，教訓他們；但到了行近園子的時候，祂卻變成異常的沉默。

耶穌的一生，都是在祂的父面前過生活。上帝的靈作祂的隨時指導和幫助。祂在地上做工，常將榮耀歸給上帝，說：「我憑著自己不能作甚麼。」（約5：19）

我們憑著自己，也是不能作甚麼，祇有信靠基督，去求得我們的力量，我們才能得勝，並在地上實行祂的旨意。耶穌怎樣信靠天父，照樣我們也必須簡單地，像小孩子似地信靠耶穌。基督曾說：「離了我，你們就不能作甚麼。」（約15：5）

當救主和門徒行近園子的時候，那悲慘可怕的一夜便開始了。那時似乎是離開了那常常幫助祂的上帝面前，祂正是開始感覺到被天父趕出去的痛苦。

基督必須擔當世人的罪。現在這些罪擔已經加在祂的身上，似乎是過於祂所能忍受得住的。罪的性質是如此可怕，祂甚至被誘而害怕上帝不再愛祂。當祂覺得天父是極其不喜歡罪惡的時候，從祂的口中勉強說出這麼一句話，「我心裏甚是憂傷，幾乎要死。」

在園口的附近之處，耶穌留下了其餘的門徒，只帶著彼得、雅各和約翰三人，同祂走進園子裏。他們是祂最忠實的門徒，作過祂最親密的同伴。但祂還是不忍叫他們看見祂受苦難的情形。祂對他們説：「你們在這裏等候，和我一同儆醒。」（太26：38）

祂離開他們，稍往前走了幾步，就俯伏在地上。祂覺得罪惡使祂與天父隔開，在祂與父之間，現出了一道極大極深極黑的陷坑，使祂望而戰慄。基督並不是為自己的罪受苦，乃是為世人的罪受苦，祂感覺到上帝對於罪的厭恨，正如同罪人在審判大日所要感覺到的一樣。

基督在悲慘之中，仆倒在冰冷的地方。從祂那灰色的嘴唇中，吐出了痛苦的呼籲，「我父啊，倘若可行，求祢叫這杯離開我；然而不要照我的意思，只要照祢的意思。」（太26：39）

基督獨自忍受這場可怕的痛苦，約有一點鐘之久。隨後祂來到門徒那裏，盼望得一些同情安慰的話，但卻得不著，因為他們都睡著了。他們雖被耶穌的聲音所喚醒，但他們卻幾乎認不得祂，因為祂的面貌被憂愁所改變了。耶穌對彼得説：「西門（**彼得**），你睡覺嗎？不能儆醒片時嗎？」（可14：37）

在基督還未踏進園子之前，祂曾對門徒説過，「你們都要跌倒了。」他們卻給祂一道極堅強的保證，説是願意與主一同下監牢並一同受死。那可憐的、自滿的彼得還加上一句話説，「眾人雖然跌倒，我總不能。」（可14：27、29）

這些門徒都是信靠自己，他們並沒有照著基督的教訓去仰望那大能的上帝。因此當救主正是最需要他們的同情與祈禱的時候，他們卻睡熟了，

連彼得也睡著了。

耶穌在客西馬尼園迫切禱告

那曾靠在耶穌的胸膛，為主所愛的門徒約翰，他也睡著了。真的，約翰是極愛他的主，按理他當儆醒，並在他所愛的救主處於大悲慘的時候，應當與主同作迫切的祈禱。救贖主已經終夜為祂的門徒祈禱，盼望他們在這受磨煉的時辰內，他們的信心不至於跌倒，然而他們還是不能與祂一同儆醒，甚至於一點鐘也不能。

倘若基督這時問雅各和約翰說，「我所喝的杯，你們能喝嗎？我所受的洗，你們能受嗎？」他們必不能像先前那樣地急忙回答道「我們能」了。（可10：38、39）

救主的心充滿了愛憐，並體恤祂門徒的軟弱。祂恐怕那由於自己所受的苦難與死亡而來的試煉會使他們忍受不住。然而主並不嚴責他們的軟弱。祂只想到那擺在他們前面的種種試煉，就對他們說：「總要儆醒禱告，免得入了迷惑。」

祂對於他們的失職，加以原諒，說：「你們心靈固然願意，肉體卻軟弱了。」（太26：41）救主的榜樣真是何等地仁愛與慈憐啊！

隨後這位上帝的兒子，又被那超乎人類所能忍受的痛苦所抓住了。祂昏迷在地上，精力枯乾，祂顛顛倒倒地退後幾步，又去作禱告像起先的時

候一樣：「我父啊，這杯若不能離開我，必要我喝，就願祢的意旨成全。」（太26：42）

這場祈禱的悲慘，把血也從祂的毛孔中擠出來了，祂又回到門徒那裏，想要得到安慰，但他們這回又睡著了。祂到了他們跟前，他們就醒了。他們看到祂的臉上有血痕斑斑，便害怕起來。他們不明白那從祂臉上所表顯出來的心中痛苦。

主第三次又去祈禱，一陣大黑暗的恐怖嚇住了祂。祂已經離開了天父的面。祂怕天父不在面前，自己的血肉之體忍受不住這場的試煉。

祂第三次的祈禱，還是像前兩次的一樣。天使們很願意來援助祂，但卻不能。上帝的兒子必須喝這杯，否則這個世界必要永遠沉淪了。祂見到人類的軟弱無助，祂見到罪惡的勢力。同時這個淪亡世界所受的災禍，也是一幕一幕地映在祂的眼前。

祂終於下了最後的決定，不顧自己要付任何代價，要來拯救人類。祂已經離開了那全是清潔、快樂、榮耀的天庭，來拯救這一個迷失的羊，就是這犯罪墮落的世界，祂決不肯改變祂的志願。這時祂只是用甘心順從的口氣，作祈禱說：「這杯若不能離開我，必要我喝，就願祢的意旨成全。」

現在救主仆倒在地，如同死了一般。沒有門徒在那裏輕輕地用手去扶住祂的頭並拭淨祂的額，祂的形容憔悴，不像人的樣子了。基督只是單獨一個人在那裏，沒有別人與祂同在。

然而上帝卻是與祂的兒子一同受苦。眾天使看見救主的悲慘，在天上都

寂靜無聲，沒有彈琴奏樂了。眾天軍在寂靜憂愁之中，注視著天父的光明、仁愛與榮耀的光線，從祂愛子的身上撤離了，使大起驚奇。如果人類能夠見到這一幕景象，那麼他們必會更加明瞭，在上帝的眼中，罪是多麼地可憎可恨了。

這時有一位大能的天使來到基督的旁邊。他扶起這位神聖受難者的頭，靠在他的胸膛上，手指著天上，告訴主說，祢已經勝過了撒但。這場勝利的結果，必有無數的人也要成為勝利者，進入祂的榮耀國度中。

一道天上的平安，臨到了救主血跡斑斑的臉上。祂已經擔當了世人所不能擔當的；因為祂已經為每一個人嘗了死亡的痛苦滋味。

隨後，基督又到門徒那裏，看見他們還是睡覺。倘若他們是醒著，與救主一同儆醒祈禱，他們必定要接受助力，可以應付當前的磨煉。但他們失去了這個機會，以致在他們有需要的時候，他們變成軟弱無力。

基督憂愁地看著他們，說，「現在你們仍然睡覺，安歇吧；時候到了，人子被賣在罪人手裏了。」正在說這些話的時候，祂聽見了那些來尋找祂的暴徒們的腳聲，便說：「起來，我們去吧；看哪，賣我的人近了。」（太26：45、46）

被賣與被捕

當救主向前迎接那賣祂的人的時候,祂一點也不顯出剛才受痛苦的形跡。祂站在門徒的前面,問那些暴徒說:「你們找誰?」

他們回答說:「找拿撒勒人耶穌。」耶穌說:「我就是。」(約18:4、5)

猶大以與耶穌親嘴為暗號來把祂出賣了

當耶穌說這些話的時候,那剛才服事祂的天使,卻在救主與暴徒之間行動。一道神聖的光輝照亮在主的面上,像鴿子一樣地遮蔽了祂。在這神聖榮光之前,兇惡的暴徒一刻也不能站立得住,都往後退;祭司、長老和兵丁,也都倒地,像死人一般。

及至天使退去,那道光亮也消散了。耶穌本來能夠逃走,但祂還是站在那裏,鎮靜自持。惟有門徒們卻驚駭得不敢作聲。

羅馬兵丁隨即移動向前,眾祭司與猶大也都來圍繞基督。他們似乎是羞愧自己的膽小軟弱,同時又怕耶穌逃走。救贖主又問他們道:「你們找誰?」

他們又回答說:「找拿撒勒人耶穌。」救主隨即說:「我已經告訴你

們，我就是。你們若找我，就讓這些人（**指門徒們**）去吧。」（**約18：7、8**）在這患難的時候，基督的心思還是想到自己所愛的門徒。雖然祂必須下監牢並受死，但祂還是不願意他們受苦。

賣主的猶大並沒有忘記自己在這時的工作。他行近耶穌，與祂親嘴。耶穌對他說，「朋友，你來要作的事，就作吧。」（**太26：50**）祂的聲音震顫，又說，「你用親嘴的暗號賣人子嗎？」（**路22：48**）

這些溫柔的話，本來是應當感動猶大的心的；但他卻似乎是失去了仁慈和體面。他已經把自己交給撒但去管理。他大膽地站在主的面前，將主交給那幫殘忍的暴徒，並不覺得羞恥。

基督並沒有拒絕這位奸細的親嘴。在這件事上，祂給了我們一個忍耐、慈愛與憐恤的榜樣。如果我們是祂的門徒，我們必須待我們的仇敵，像祂待猶大一樣。

那些兇惡的暴徒們，看見了猶大已經觸摸了剛才在他們眼前有過榮光的主，就膽大起來，下手捉拿救主，把祂那曾廣行善事的雙手捆綁起來。眾門徒並沒有想到基督肯讓自己被人捉去，他們知道天上的能力可以擊倒這些暴徒，使他們像死人一樣，毫無能力，以致基督和門徒可以逃走。

當他們看見那捆綁他們所愛之主的繩索取了出來，他們失望了，並發出義憤了。彼得在大怒之下，立即拔出刀來，要衛護他的主，但他卻只砍掉了大祭司僕人的一個耳朵。耶穌一看見了這種情形，雖然祂的手被羅馬兵丁緊緊地拉住，但祂還是能夠鬆開手，並說道，「到了這個地步，由他們吧。」（**路22：51**）祂摸一摸那個人的受傷耳朵，立時

把他治好了。

於是祂又對彼得說：「收刀入鞘吧，凡動刀的，必死在刀下。你想我不能求我父。現在為差遣十二營多天使來嗎？若是這樣，經上所說，事情必須如此的話，怎麼應驗呢？」（太26：52～54）「我父所給我的那杯，我豈可不喝呢？」（約18：11）

以後基督又對那些和暴徒同來的祭司長及聖殿的首領們說，「你們帶著刀棒，出來拿我，如同強盜嗎？我天天教訓人，同你們在殿裏，你們並沒有拿我；但這事成就，為要應驗經上的話。」（可14：48、49）

眾門徒看見救主不努力拯救自己脫離敵人的手，便很生氣。他們埋怨耶穌這樣地不抵抗。他們不明白主為甚麼順服這幫暴徒，再說他們也很懼怕，因此便把祂撇下並逃散了。

基督在先已經預言過這脫逃的情形，說，「看哪，時候將到，且是已經到了。你們要分散，各歸自己的地方去，留下我獨自一人；其實我不是獨自一人，因為有父與我同在。」（約16：32）

在祭司和公會之前

從客西馬尼園中，那班呼叫喧譁的暴徒，緊隨著耶穌。祂的行動很是痛苦，因為祂的手被捆得很緊，並且有許多人緊密地看著祂。

祂先被解到亞那的公館。這亞那從前是大祭司，但現在卻是他的女婿該亞法接他的職位。這作惡的亞那要求暴徒，先讓他看一看這位被綁為囚的拿撒勒人耶穌。他想要得著告祂的把柄，以便定祂的罪。

他存了這個意思，來問救主關於祂的門徒和祂的教訓等等。基督回答說：「我從來是明明地對世人說：我常在會堂和殿裏，就是猶太人聚集的地方，教訓人；我在暗地裏，並沒有說甚麼。」

耶穌於是反問亞那說，「你為甚麼問我呢？可以問那聽見的人，我對他們說的是甚麼，我所說的，他們都知道。」（約18：20、21）

那些祭司們先前曾派過奸細去窺探基督，並把祂的每一句話都稟報給他們。他們從這些奸細的報告中，知道耶穌每次與民眾聚集時所說的話和所行的事。這些奸細已設下圈套想要從祂的話中尋找錯縫，以便作為把柄定祂的罪。所以救主說：「你可以問那聽見的人。你去問你的那些奸細吧，他們都聽見過我所說的話，他們可以告訴你我的教訓是甚麼。」

基督的這一番話，極其尖利直接，以致祭司覺得這位犯人已經察見他的內心了。但亞那有一個僕人，以為耶穌是不恭敬他的主人，就打祂的臉說：「祢這樣回答大祭司嗎？」

只見耶穌柔和地回答道：「我若說的不是，你可以指證那不是；我若說

的是，你為甚麼打我呢？」（約18：22、23）

基督能召天上的天軍來幫助祂；但祂還是要在「肉身」上忍受人的毀謗和一切凌辱，因為這乃是祂的使命中的一部分。

這時主又從亞那的公館被解到該亞法的公會裏去。祂將在公會前受審問。當眾議員被召聚集的時候，亞那和該亞法又審問祂，但還是審不出甚麼來。當眾議員聚集的時候，該亞法坐上了議長的席。在兩邊有會審官，在他們前面有羅馬的兵丁站立，看守救主，在後面還有控告祂的暴徒。

該亞法吩咐耶穌在他們面前行一個奇事，但救主卻顯出一點也沒有聽見的樣子。倘若耶穌放射出那鑒人心靈的目光，像祂在聖殿中對待那些買賣人一樣，那麼這全體暴徒便要被迫從祂的面前逃走了。
那時猶太人是被羅馬人所管轄，不能定人的死罪。公會祇能檢驗犯人，至於所定的案子，須經羅馬官府的批准，然後方能施行。

他們為要成全自己的惡計起見，必須尋些羅馬總督認為犯法的事情來反對救主。他們能找出充分的憑據以證明基督曾說過反對猶太人的遺傳及他們許多的儀節；並且也是容易證明祂曾痛斥過祭司和文士，稱他們為假冒偽善和殺人的兇徒。但羅馬人卻不受理這些控辭，因為他們自己也是厭惡這些法利賽人的假冒偽善。

他們雖以許多罪狀控告基督，但不是他們的見證彼此不合，便是所告的事是羅馬人所不受理的。他們設法叫耶穌回答他們所控告的事，但耶穌卻顯出似乎是沒有聽見的樣子。基督這時的沉默，正如同先知以賽亞所形容的一樣：「祂被欺壓，在受苦的時候卻不開口；祂像羔羊被牽到宰

殺之地，又像羊在剪毛的人手下無聲，祂也是這樣不開口。」（賽53：7）

這時祭司們開始害怕自己得不到甚麼把柄，以便到彼拉多那裏控告這個犯人，所以他們覺得必須使用最後的手段。大祭司便舉起右手向天，對耶穌鄭重起誓說：「我指著永生上帝，叫祢起誓告訴我們，祢是上帝的兒子基督不是？」（太26：63）

耶穌從來不否認自己的使命及自己與父的關係。祂能靜默忍受個人的羞辱，但是在人詢問到祂的事業及祂的上帝兒子身分的時候，祂總是清楚而確定地回話。

那時每一個人都在傾耳靜聽，並注目看祂，只見得祂回答道：「你說的是。」

按著那時的習慣來說，這個回答是等於說，「是的，」或是，「誠如君言。」這種回答乃是一種堅決有力的正面回答。當救主接著發言的時候，似乎有一道天上的光亮，照射在祂灰白的臉上。

「然而我告訴你們，後來你們要看見人子坐在那權能者的右邊，駕著天上的雲降臨。」（太26：64）在這段話中，祂提出與當時相反的情景來。祂是指著自己將來要擔任天地的最高審判官而說的。那時祂要坐在天父的寶座上，一切經過了祂的判斷後就不再有上訴了。

祂使聽眾們曉得，到了那一天，祂不是被一般惡人所圍困與受侮辱，但乃是有大權柄和大榮耀，駕著天上的雲降臨，有眾天使護衛著。那時祂要宣判祂仇敵的罪案，這些控告祂的群眾，也必在其中。

當耶穌說自己是上帝的兒子，並且是世界的審判官的時候，大祭司就撕開自己的衣服，好像是驚駭的樣子。他舉起雙手向天，說：「祂說了僭妄的話，我們何必再用見證人呢？這僭妄的話你們都聽見了。你們的意見如何？」各位審判官回答，「祂是該死的。」（太26：65、66）

夜間審判犯人，這本是與猶太人的律法相反的。雖是基督的罪已經定案，但是在白日還須有一種正式的審問。他們把耶穌押在衛兵室，受兵丁和惡徒的譏笑戲弄。天一亮，祂就被帶到審判官面前，最後的罪案便被宣判了。

那時在這幫民眾與首領之間，似乎是起了撒但那樣的忿怒，他們的呼喊好像是野獸的號叫。他們向耶穌衝來，大聲喊說，「祂是有罪的，將祂治死。」這時若不是有兵丁保護，祂必被眾人撕裂了。羅馬的官長在當中攔阻著，用武力彈壓著兇徒們的暴動。

祭司、官長和惡徒，聯合起來辱罵救主，將一件破衣服蓋在祂的頭上，又用拳打祂的臉，說：「基督啊，祢是先知，告我們打祢的是誰？」（太26：68）當他們把這件衣服拿開的時候，暴徒之中有一個人吐唾沫在救主的臉上。

上帝的使者將自己所愛的領袖（耶穌）所受的每一樁羞辱的形狀、言語和行動，忠實地記錄下來。將來到了一天，這些凌辱救主並吐唾沫在祂那柔和灰白的臉上的人們，必要看見耶穌面上的榮耀是比太陽還要光亮呢。

猶大

猶太的官長們早就急著要捉拿耶穌，但又怕百姓會叛亂，所以不敢明明地去拿祂。因此他們便想找一個人，將耶穌暗暗地賣給他們。他們找著了猶大，他是十二門徒之中的一個，他肯做這種下賤的事。

猶大為了三十塊錢而把耶穌出賣了

猶大本有強烈的愛財之心，可是他不是一向作惡敗壞到做出這種的行為。可惜他縱容這種貪婪的惡精神，終至於成為他生活的動機，到現在竟然為了三十塊錢，而把自己的主賣掉了。（三十塊的價錢，乃是一個奴僕的身價。出21：28～32）在客西馬尼園中，他現在居然以一吻而把救主出賣了。

當耶穌在園中被捉拿，帶到猶太的官長之前受苦的時候，猶大還是一步一步地跟著上帝的兒子。他沒有想到耶穌肯讓猶太人實行他們的恐嚇去殺害祂。在每一分鐘裏，他盼望能見到耶穌被神力保護，並被釋放，像先前一樣。但是光陰一點鐘一點鐘地過去，耶穌還是靜默著忍受那加在他身上的一切凌辱；這時那賣主的猶大便起了極大的懼怕，覺得自己真是把主賣到死的地步了。

到了審判快要結束的時候，猶大再也忍不住他那自知有罪在良心上的責備，於是便立即跑上公會，發出一種可怕的聲音驚動了所有在場的人：「祂是無罪的。該亞法啊，請你釋放祂吧！祂並沒有甚麼該死的罪！」

身材高大的猶大，急急忙忙地從這幫受驚的群眾中擠進去，面色灰白憔悴，額前大汗淋淋。他闖到公案前，將賣主所得的銀錢，丟在大祭司的面前。他迫切地抓住該亞法的王袍，求他釋放耶穌，聲稱祂是無罪。該亞法動怒推開了他，譏笑著説：「那與我們有甚麼相干？你自己承當吧。」（太27：4）

猶大隨即俯伏在救主的腳前，承認耶穌是上帝的兒子，並祈求祂拯救自己脫離仇敵的手。救主曉得猶大不是真實悔改自己所做的事。這位虛偽的門徒害怕自己的慘惡行為必要受到刑罰，他並不是因為自己出賣這無瑕疵的上帝之子，而覺得真切憂傷。

然而基督卻沒有說一句定罪的話。祂用哀憐的眼光望著猶大，對他說：「我為這時候來到世間。」眾人都很驚奇，並詫異地望著基督這樣忍耐寬待那賣祂的人。

猶大看出自己的哀求毫無用處，就跑出公會，口裏喊著説：「太遲了！太遲了！」他覺得自己不忍活活地見到耶穌被釘在十字架，便在憂傷絕望之中出去上吊自殺了。當天下午，在彼拉多的公堂通到骷髏地的路上，那幫作惡的群眾正領著救主到釘十字架的地方。忽然他們的喧譁和嘲笑中止了。當他們經過一個僻靜的地方，他們看見在一棵枯樹之下，躺著猶大的屍首。這真是一幅令人作嘔的景象。他的身體沉重，已經把上吊的繩子墜斷了。屍體落在地上，支離破碎，有一些狗正在那裏吞食呢。

眾人立刻把他殘餘的屍體葬埋了。此後嘲笑的聲音也沒有方才那樣多了，許多人灰白的氣色顯出了內心的懼怕，報應似乎已經臨到那些流耶穌之血的人了。

在彼拉多之前

基督被猶太公會的審判官定罪之後,便立即被帶到羅馬的官長彼拉多那裏,要他將判決認可並執行。

猶太的祭司和官長們,自己不能進入彼拉多的公堂,因為按著該國的儀文律法來說,他們那樣作,就是污穢了自己,因此便妨害自己不得參加逾越節的筵席。

他們在愚昧盲目之中,看不出基督就是逾越節的真羔羊,又因為他們拒絕了基督,所以這重大的逾越節也就失去了它的真意了。

彼拉多望著耶穌,看出祂是一個相貌堂堂態度尊嚴的人。祂的臉上絕沒有甚麼犯罪作惡的兇相。彼拉多便轉身向各祭司問道:「你們告這人是為甚麼事呢?」(約18:29)

那些控告耶穌的人,不願述說詳情,所以沒有預備回答這個問題。他們也曉得自己拿不出甚麼真憑實據,足使羅馬的官府定祂的罪。因此,祭司們便喊那些作假見證的人來幫助他們。「他們就開口控告祂說:『我們見這人誘惑國民,禁止納稅給該撒,並說自己是基督,是王。』」(路23:2)

這個見證是假的,因為基督曾明明認為人納稅給該撒是可以的。當律法師想在這件事上要陷害祂的時候,祂曾回答說:「該撒的物當歸給該撒。」(太22:21)

彼拉多並沒有被這些假見證所愚弄,他就轉身來問救主,說:「祢是猶

太人的王嗎？」

耶穌説：「你説的是。」（太27：11）

該亞法和與他同在的人，聽見耶穌這樣的回答，就對彼拉多説，祂已經承認他們所控告祂的罪了。他們就大聲喊叫，要求定祂死罪。

但基督對於這些控告的人，不作甚麼答辯。於是彼拉多就對祂説：「祢看，他們告祢這麼多的事，祢甚麼都不回答嗎？」耶穌仍不回答。（可15：4、5）

彼拉多弄得左右為難。他看不出耶穌犯罪的憑據，也不相信那些控告祂的人。救主高貴的容貌和安靜的態度，在這些激烈暴躁的控告者之中，恰恰是相反的。彼拉多被這種情形所感動，格外明白祂是無罪的人。他盼望從耶穌身上得到一點真憑據，就將耶穌帶下，私自問祂説：「祢是猶太人的王嗎？」

基督對這問題並不作直接的回答，只是反問他説：「這話是你自己説的，還是別人論我對你説的呢？」

上帝的靈正在感動著彼拉多的心。耶穌的問題正要領他更深刻地省察己心。彼拉多知道這個問題的意思。他明白自己的心跡，看出自己的心靈是被懺悔之念所激動。但是驕傲卻從他的心中發起了，他就回答道：「我豈是猶太人呢？祢本國的人和祭司長，把祢交給我；祢作了甚麼事呢？」

彼拉多的黃金機會已經過去了。但耶穌卻願意彼拉多明白，祂並不是來

要作一個地上的君王，所以祂說：「我的國不屬這世界。我的國若屬這世界，我的臣僕必要爭戰，使我不至於被交給猶太人；只是我的國不屬這世界。」

彼拉多又問道：「這樣，祢是王嗎？」耶穌回答說：「你說我是王。我為此而生，也為此來到世間，特為給真理作見證，凡屬真理的人，就聽我的話。」

彼拉多本想要曉得真理，但他的心性是煩亂了。他渴望地領會了救主的話，他的心大受激動，切望知道真理究竟是甚麼，並且怎樣能夠獲得。他問耶穌說：「真理是甚麼呢？」

但他沒有等候回答。公堂外面的群眾之騷嚷已變一片喊聲了。祭司們要求立即行動。彼拉多也就立即想到此時的危急，便到眾人那裏，對他們說：「我查不出祂有甚麼罪來。」（約18：33～38）
這些話出自外邦人的官長之口，乃是對於那些控告救主的猶太官府之卑劣與虛偽的一種痛斥。

那些祭司和眾長老聽見彼拉多所說的話，就大失所望，並極其忿怒。他們早已陰謀並期待著這個機會了。現在他們看出耶穌有被釋放的希望，他們似乎預備要把祂撕裂粉碎。

他們失去了一切理性與自制之力，大聲咆哮，舉動卻不像人而像惡鬼一般了。他們大聲恫嚇彼拉多，以羅馬政府的叱責來威脅他。他們斷言耶穌已犯了背叛該撒之罪，而怪彼拉多不定祂的罪名。於是他們大聲喊叫說：「祂煽惑百姓，在猶太遍地傳道，從加利利起，直到這裏了。」
（路23：5）

彼拉多在這時候，無心定耶穌的罪，他確實知道耶穌是無罪的。但當他一聽見基督是從加利利來的，他便決定把耶穌送到希律那裏。希律乃是加利利省的官長，那時正好在耶路撒冷城。彼拉多想用這種辦法，把這場官司的責任推到希律的身上。

這時，耶穌已是餓暈了，並且因為沒有睡覺而疲乏了。祂也感受著種種虐待的痛苦。但彼拉多卻又把祂交給兵丁，在那些無情的暴徒們的譏誚羞辱之中，把祂拖去了。

在希律之前

希律雖然從來沒有見過耶穌,但很久前就想要見祂,並想要看祂的神奇能力。當救主被帶到他面前的時候,那些惡人擁來擠去,有喊叫說這個的,有喊叫說那個的。希律便命令他們安靜,因為他要審問這犯人。

耶穌為我們忍受各種羞辱與譏笑

他看見基督青白的臉色,就動了好奇與憐憫的心。他看見上面有聰明而純潔的記號。他這時也如彼拉多一樣,心裏已是明瞭這些猶太人來控告救主的原因,無非是出於兇惡和嫉妒而已。

希律慫恿基督在他面前施行一個神蹟奇事。他應許要釋放祂,如果祂肯那樣做。他吩咐人帶了一些跛腳和殘疾的人進來,並命令耶穌醫治他們。但是救主站在希律的面前,好像是沒有看和沒有聽見的樣子。

上帝的兒子降世成人,已取了人的性質。祂必須做常人在同樣環境之下所必要做的事情。因此祂便不願為著滿足人的好奇之心,或是為救自己脫離人類處此境地時所應受的痛苦和恥辱起見,而施行一樁神蹟奇事。

那些控告主的人,聽見希律吩咐基督行神蹟,就都駭怕起來;因為他們所最害怕的,就是基督顯出祂神聖的能力。這種顯現,會使他們的計畫受到致命的打擊,甚至於喪失了他們的性命。因此他們就喊叫說,耶穌所行的神蹟奇事,乃是靠著鬼王別西卜的能力。

幾年之前，希律曾聽過施洗約翰的教訓，心裏深受感動，但他卻不肯丟棄那縱慾犯罪的生活，以致心腸變得更硬，最後竟在酒醉的時候，命人將約翰斬首，藉以博取惡婦希羅底的歡心。現在他的心是比先前更加剛硬了，基督的默不作聲，竟使他忍受不住了。他把臉色一沉，下手威嚇救主，但救主還是不動彈不做聲。

基督降世，原是要治好傷心的人。在祂能說一句話可以醫好一個被罪孽壓傷之人的時候，祂決不肯閉口不言的。但對於那些故意把真理放在不聖潔的腳下踐踏的人，祂是無話可說了。

救主在這時候很可以向希律說幾句話，使這硬心的王聽起來刺耳；祂也可以將他一生的罪惡和將來可怕的刑罰等等擺在他的面前，使他懼怕戰兢。但基督的默不做聲，卻成了祂所給希律最嚴重的責備。

那素來開啟而垂聽世人哀呼痛號的耳朵，此時卻關閉不聽希律的命令了。基督的心素來柔軟，甚至於窮兇極惡的罪人所發的呼求，也能感動於祂；但對於這自覺得不需要救主的暴君，祂的心門是關閉了。

希律就動怒轉身對著眾人，斥責耶穌是個騙子。但那些控告救主的人，都知道祂不是一個騙子，因為他們曾經看見救主行過許多的奇事，所以便不信服這個判決。隨後希律王便下手羞辱並譏誚上帝的兒子。「希律和他的兵丁就藐視耶穌，戲弄祂，給祂穿上華麗衣服。」（路23：11）

當這兇惡的王見到耶穌領受這一切的羞辱而仍默不做聲，他便忽然起了害怕之心，覺得這位站在自己之前的不是一個平常的人。他的心就惶亂起來，就想到這位犯人，也許是從天上降下來的。希律不敢批准耶穌的罪案。他想要逃避這可怕的責任，因此便把救主送回到彼拉多那裏去。

耶穌被彼拉多定罪

當猶太人從希律那裏又把救主帶回到彼拉多的面前，彼拉多的心裏很不喜歡，就問他們要祂怎麼辦。他又提醒他們，他已經審問過耶穌，並且找不出甚麼過失來。他說他們對祂雖有告發，但他們卻不能證明一件罪狀。

而且他們已經把救主帶到希律那裏去過。希律也是一個猶太人——像他們一樣——可是他也查不出救主有甚麼該死的罪。說到這裏，彼拉多為要安慰那些控告者起見，便說道：「故此我要責打祂，把祂釋放了。」（路23：16）

彼拉多在這裏顯出了自己了弱點。他既已承認基督是無罪的，為甚麼又要刑罰祂呢？這乃是與錯誤妥協了。在這一場的官司上。猶太人始終沒有忘記這一點。他們已經威嚇這位羅馬官長，到了現在卻是緊抓著他們的機會，直到耶穌被判罪為止。

當彼拉多正在猶豫不曉得應該怎麼辦的時候，忽然接到他妻子的一封信，上面寫著：「這義人的事，你一點不可管；因為我今天在夢中，為祂受了許多的苦。」（太27：19）彼拉多讀了這信，面色變為灰白；但那些暴徒見到他沒主意，便更加催逼他。

彼拉多看出自己總得做點事情。按著習例，在逾越節的時候，應當隨著百姓的選擇，去釋放一個犯人。羅馬的兵丁最近才捉到一個有名的強盜叫做巴拉巴。他是一個下賤的惡棍和殺人的兇手。所以彼拉多就轉身，極其懇切地對眾人說：「你們要我釋放那一個給你們？是巴拉巴呢？是稱為基督的耶穌呢？」（太27：17）

他們回答說：「除掉這個人，釋放巴拉巴給我們。」（路23：18）

彼拉多驚得啞口無言，大失所望。他因為讓了自己的審判權而訴諸百姓，以致失了自己的威嚴，不能管理大眾。後來，他不過是暴徒們的工具罷了。他們隨自己的心意指揮他。他就問他們說：「那稱為基督的耶穌，我怎麼辦祂呢？」

他們同聲地喊著說「把祂釘十字架。」
「巡撫說，為甚麼呢？祂作了甚麼惡事呢？」
「他們便極力地喊著說，把祂釘十字架。」（太27：22、23）

彼拉多聽見這可怕的喊叫，「把祂釘十字架，」他的臉色便變為灰白。他並沒有想事情會到這個地步。他已經屢次地宣稱耶穌是無罪的，但百姓還是決定要把耶穌置於極可怕的死刑。所以彼拉多又問他們說：「為甚麼呢？祂作了甚麼惡事呢？」

眾人又是一陣大喊大叫，「把祂釘十字架，把祂釘十字架。」彼拉多用了最後的力量，想要激動他們同情的心，就把那憔悴眩暈與遍體鱗傷的耶穌提了出來，當著那些控告者之前鞭打祂。

「兵丁用荊棘編作冠冕，戴在祂頭上，給祂穿上紫袍；又挨近祂說，恭喜猶太人的王啊！他們就用手掌打祂。」（約19：2、3）他們吐唾沫在祂身上，有一惡人把那放在耶穌手中的一條蘆葦拿起來，鞭打祂頭上的荊棘冠冕，讓荊棘刺破祂的頭皮，使鮮血淋漓在祂的面上和鬍子上。

撒但領導這幫殘忍的兵丁，辱罵戲弄救主。他的目的是要激起耶穌的報復，如果可能的話，或者要驅使祂行一個神蹟，使自己得釋放，這樣便

可使那救贖的計畫破壞了。倘若耶穌的一生為人有了一點點的斑點，在忍受這極悽慘的試煉中有了一點點的失敗，那麼上帝的羔羊便要成為一個不完全的奉獻，救贖人類的工作就要失敗了。

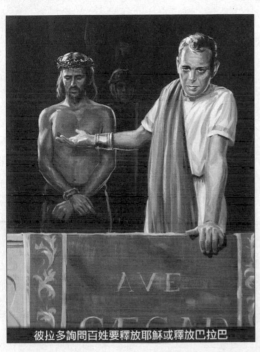

彼拉多詢問百姓要釋放耶穌或釋放巴拉巴

祂儘可以命令天上的眾軍，使這些聖天使立刻來幫助祂。這些天使中只要有一個動手，立即可以勝過那些殘忍的暴徒。基督自己也能夠顯出祂的神聖威嚴，打擊那些虐待祂的人。但祂卻以莊重的態度順受那最粗魯的凌辱與逼害。

那些兇暴之徒的惡行，把他們降落到人性之下，成了撒但的樣式；照樣，耶穌的溫柔和忍耐，卻提高祂在人性之上，並證明祂與上帝親戚的關係。

救主這種不發怨言的忍耐態度，使彼拉多深受感動。他命人將巴拉巴帶到公堂，叫兩個犯人並排站立。他手指著救主，用莊嚴的聲音說，「你們看這個人。」「我帶祂出來見你們，叫你們知道我查不出祂有甚麼罪來。」（約19：4、5）

這時上帝的兒子，穿了戲弄的袍子，戴了荊棘的冠冕，站在那裏。衣服脫到腰際，祂的背上顯出長條殘忍的鞭痕，有血淋漓流出。祂的臉上有

血痕，顯出了精疲力竭及痛苦的樣子；但是祂的面貌從來沒有比此時更美麗了。各部都露出溫柔和順從，及憐愛那兇惡敵人的心。

在祂旁邊站著的犯人，卻是大大的相反了。從巴拉巴臉上的每一道線紋上，可以看出他仍是一個鐵石心腸的惡棍。

在這些現象之中有一些人是同情於耶穌的。甚至於祭司和官長們也在心裏承認，祂正是像祂自己所說的一樣。但他們卻不肯歸服。他們已經鼓動這些暴徒如瘋如狂，所以他們又同眾百姓一同喊叫說：「釘祂十字架，釘祂十字架！」

後來彼拉多因為他們兇惡無理，便心裏不耐煩起來，對他們說：「你們自己把祂釘十字架吧；我查不出祂有甚麼罪來。」（約19：5、6）

彼拉多竭力地要釋放耶穌；但猶太人卻喊著說：「你若釋放這個人，就不是該撒的忠臣；凡以自己為王的，就是背叛該撒了。」（約19：12）這話正是打動了彼拉多的弱點。羅馬的官府對他已經有了疑惑，他也曉得這個報告，會損及他的官職。彼拉多見說也無濟於事，反要生亂，就拿水在眾人面前洗手，說：「流這義人的血，罪不在我，你們承擔吧。」（太27：24）

彼拉多想要脫離定耶穌死罪的過失，但卻不能了。倘若他起先積極堅定地照著所明白的正理去辦理就不至於被那些暴徒所挾制；他們也不敢僭越叫他怎樣行。這都是由於他的猶疑不定，以致敗壞了自己。他看出自己若是釋放了耶穌，就必不能保全自己的地位與尊貴。

因此他情願犧牲無辜者的一條生命，免得失去了自己屬世的權力。他便

隨從了暴徒們的要求，又將耶穌鞭打了，把祂交出受刑。雖然他這樣小心預防，但到了後來他所害怕的事畢竟是臨到他了。他的尊榮被革除了，從高位上降落了，憂憤交加，終至於在主被釘之後不久，他便了結了他的一生。

照樣，凡與罪惡妥協的人，結果只能得到憂傷與毀滅而已。「有一條路人以為正，至終成為死亡之路。」（箴14：12）

當彼拉多說自己不能承當流基督的血時，該亞法大膽地回答說，「祂的血歸到我們，和我們的子孫身上。」（太27：25）眾祭司都響應這句可怕的話，同時眾百姓也是隨聲附和地喊叫起來。這可怕的判決，他們放在自己身上了，又把這可怕的遺產留到他們的後代。

四十年後，耶路撒冷遭受毀滅，那可慘的情形，便實際地應驗在他們的身上了。他們的後裔受壓迫，遭輕看，被驅逐，也正是實際地應驗了他們的判決。

到了將來末日審判的時候，他們還要遭受著雙倍的報應。那時的情形要改變了，這位耶穌要來，「在火焰中顯現，要報應那不認識上帝的人。」（徒1：11；帖後1：8）

那時他們要向巖石和山祈求說：「倒在我們身上吧，把我們藏起來，躲避坐寶座者的面目，和羔羊的忿怒；因為祂們忿怒的大日到了。」（啟6：16、17）

髑髏地

在群眾的喧譁與譏誚之中，耶穌被急急忙忙地帶到髑髏地去。當祂走過彼拉多的衙門的時候，他們把那為巴拉巴所預備的重大十字架，放在祂那受傷而流血的肩頭上。此外還有兩個強盜也各背著一個十字架，他們是要和耶穌一同受死的。

救主在軟弱受苦的情形之下，那十字架的擔負是太重了。祂走了不幾步路，便暈倒在十字架下。及至祂醒過來了，他們又把那十字架放在祂的肩上。祂蹣跚地走了幾步，又跌倒在地上如同死人一般。這時，那逼迫祂的人才知道祂不能背著這個重擔前進了，他們便東張西望地要找一個人去替祂背那羞辱的擔子。

正在此時他們遇見了古利奈人西門從對面走來。他們便抓住他，勉強他背十字架到髑髏地去。

西門的幾個兒子都是耶穌的門徒，但他自己還沒有接受救主。從此之後，他是非常的快樂，因為他有了這個特權，背負救主的十字架。他被逼而背負的擔子，竟成了他悔改的因由。髑髏地的情景與耶穌口中所說的話語，都使西門接受耶穌，承認祂是上帝的兒子。

他們來到了釘十字架的地方，這幾個被定罪的人，便都被綁在受苦的刑具上。那兩個強盜在他們的手被伸直要釘在架上的時候，曾竭力爭鬥一番。但救主卻毫不抵抗。

在這一次到髑髏地可怕的行程上，耶穌的母親也隨著祂一同前往。當耶穌精疲力竭倒在重擔下的時候，她想要去服事祂，但別人卻不讓她

那樣做。

在這顛沛疲憊的道路上，每走一步，她總盼望祂施顯上帝所給祂的能力，使自己從這幫兇惡暴徒當中脫身。但到了末了，那最後的一幕出現了，她看見強盜被綁釘在十字架上，她的心中真是何等的憂傷啊！

這能賜生命給死人的主，難道要讓自己被釘死在十字架上嗎？上帝的兒子肯讓自己受這殘忍的死嗎？她是否要丟棄那相信祂是彌賽亞的信仰呢？

她看見主的手──這雙手曾伸出為那般受苦受難的人們祝福過的──被伸直在十字架上。他們把釘鎚和釘子拿過來。當那釘子穿過那柔嫩的皮肉時，耶穌的母親暈倒了，由那幾個傷心的門徒把她抬走，離開這悲慘的地方。

耶穌不發怨言不作呻吟；祂的臉色還是灰白而恬靜，但祂的額頭上卻是大汗淋漓。祂的門徒已經逃走，離開這悲慘的情景。祂乃是獨自踹著酒醡，眾民中無一與祂同在。（賽63：3）

當兵丁們正在執行他們的工作時，耶穌的心思卻因自己所受的而痛苦轉而想到那些逼迫祂的人到了將來必要受到悽慘的報應。祂痛惜他們的無知愚蠢，並祈禱說：「父啊，赦免他們；因為他們所作的，他們不曉得。」（路23：34）

基督這時正是得著在天父面前為人類作中保的權利。這為祂的仇敵所作的禱告，乃是包括全世界，就是從世界的起頭到世界的末日中一切的罪人都在內了。

我們無論何時犯罪，那就是把基督重新傷害了。為了他們，祂在天父的寶座前舉起祂那被釘的手，並說道，「赦免他們，因為他們所作的，他們不曉得。」基督一被釘在十字架之後，那些強壯有力的人便立刻把那木架豎立起來，很粗暴地插在那挖好了的泥穴之中。這種做法，使上帝的兒子受了極厲害的痛苦。

於是彼拉多用拉丁、希臘及希伯來三種文字，寫了一個文告，安在耶穌所釘的十字架之頭上，使一切的人都能看見。上面的字句是這樣：「猶太人的王，拿撒勒人耶穌。」

猶太人要求把這句話改一改，祭司長便對彼拉多說：「不要寫猶太人的王；要寫，祂自己說我是猶太人的王。」

彼拉多卻忿恨自己起先的軟弱，又極其輕視這些嫉妒兇惡的官長。因此他回答說：「我所寫的，我已經寫上了。」（約19：19、21、22）

那些兵丁把耶穌的衣服分去了。有一件無縫的衣服，他們便為此起了爭論，結果他們就決定用拈鬮的方法來辦理。古時上帝的先知曾預言到他們這種情形說：「犬類圍著我，惡黨環繞我；他們扎了我的手，我的腳。……他們分我的外衣，為我的裏衣拈鬮。」（詩22：16〜18）

當耶穌的十字架一被舉起之後，立即有一幕悽慘的景象出現。那些祭司、官長、文士，與暴徒們一同戲笑這垂死的上帝之子，說：「祢若是猶太人的王，可以救自己吧。」（路23：37）

「祂救了別人，不能救自己。祂是以色列的王，現在可以從十字架上下來，我們就信祂。祂依靠上帝，上帝若喜悅祂，現在可以救祂；因為祂

曾説，我是上帝的兒子。」（太27：42、43）

從那裏經過的人辱罵祂，搖著頭説：「咳！祢這拆毀聖殿、三日又建造起來的，可以救自己，從十字架上下來吧！」（可15：29、30）

基督能夠從十字架上下來，但祂若這樣做，我們就永遠不能得救了。祂為我們的緣故，便甘心受死。「祂為我們的過犯受害，為我們的罪孽壓傷；因祂受的刑罰，我們得平安；因祂受的鞭傷，我們得醫治。」（賽53：5）

基督的死

在捨棄祂那寶貴生命的事上，並沒有甚麼勝利的快樂來扶持基督。祂的內心極痛苦憂傷。但祂所感到的悲傷，並不是因為害怕死亡的痛苦，乃是因為世人的罪壓在祂的身上，使祂覺得自己是與天父的愛隔絕了。這種情形使救主的心破碎，以致很快地就死了。

耶穌在十架上擔當了人類的罪惡

當罪人醒悟過來，認識自己的罪擔，並曉得自己從此要與天上的快樂平安永遠隔絕了，他們便會感到極其痛苦。這種痛苦。基督在十字架上的時候，已經嚐到了。

眾天使看見了上帝的兒子忍受這種失望的痛苦，便都感到驚異。祂的內心極其悲切，以致祂覺察不出十字架的痛苦了。那時自然界也表示出它們的同情心來。天朗氣清的日光，到了正午忽然消滅了。在十字架的周圍，暗得如同最黑暗的半夜一樣。這種反乎自然的大黑暗，延長了足有三小時之久。

這時眾人感到一種莫名其妙的恐怖。咒詛與辱罵都停止了。男女老幼也都驚倒在地上。有時有閃電從雲裏射出來，照顯出十字架和被釘的救贖

主，眾人都以為他們受報應的時候到了。

直到申初的時候，黑暗才從眾人面上退去，但還是包裹著救主，如同一個斗篷一樣。祂釘在十字架上，閃電似乎都猛射在祂的身上，這時救主便發出了失望的呼喊說：「我的上帝，我的上帝，祢為甚麼離棄我？」

當時耶路撒冷城與猶太全地，也都被黑暗所籠罩著。眾人的眼睛正是望著那注定遭劫的城邑的時候，他們看見上帝怒氣所發的閃電直射著那城。

忽然間那烏雲黑暗離開了十字架，他們聽見基督以清楚，像號筒一樣的聲音——似乎震動天地——喊叫說：「成了。」（約19：30）「父啊，我將我的靈魂交給祢手裏。」（路23：46）

此時有亮光圍繞著十字架，救主的臉上發出榮光像太陽一樣。祂隨即低下頭來斷氣死了。站立在十字架前的群眾，都發呆了，大家屏息著，注視著救主。隨後遍地又黑暗起來，聽見了巨大的雷轟，同時地也大震動起來。

因為地震的緣故，眾人都戰兢跌倒成堆，接著便是一陣大混亂與大恐怖。四周的高山磐石都崩裂，紛紛滾落到平原上。墳墓震開了，有許多的死人被丟出來。宇宙萬物都好像打粉碎的樣子。那些祭司、官長、與眾百姓，都驚得目瞪口呆，仆倒在地。

當基督死的時候，有些祭司們正在耶路撒冷的聖殿中服務。他們覺得地大震動，同時殿中分開聖所與至聖所的幔子也從上到下裂為兩半。那撕裂這幔子的手，也正是那古時在伯沙撒王的宮牆上寫下巴比倫亡國

判文的無情之手。從此之後，地上聖所內的至聖所，不再成為聖潔的地方了。上帝不再降臨在這施恩座上了。祭司胸前的寶石也不再顯出光與暗，以便人知道上帝是否喜悅或接納了。

從此之後，聖殿中的贖罪祭是無價值了。上帝的羔羊已經為世人的罪而犧牲受死了。當基督在格挖利的十字架上受死的時候，那又新又活的路，就為猶太人和外邦人開啟了。

在救主說，「成了」的時候；眾天使大大歡喜。偉大的救贖計畫，是要實行出來了。藉著一個順從的生活，亞當的後裔終於可以被抬高在上帝的面前。撒但被打敗了，他也曉得自己的國度是失落了。

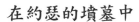

在約瑟的墳墓中

他們給救主所定的罪名，是反叛羅馬政府。凡犯此罪而處死的犯人，是被埋在另外一個地方的。約翰很害怕這些無情的兵丁，會把他所親愛的夫子的屍首，埋在那羞辱的墳墓裏，但他卻無法阻止此事，因為他自知不能說動彼拉多。

正在這為難的時候，尼哥底母與亞利馬太城的約瑟前來幫助這些門徒。這兩個人都是猶太公會的會員，與彼拉多是相識的。他們有錢有勢，而且也決定應當用尊貴的殯禮去埋葬救主的屍體。約瑟勇敢地走到彼拉多面前，向他要求救主的身體。彼拉多在知道基督已經確實死了之後，就應允了這個請求。

當約瑟去見彼拉多要求救主的屍體的時候，尼哥底母卻預備殯葬的事。按著那時的風俗，死屍應用寶貴的香膏香料薰沐好，並用細麻布包裹起來；這就是保守屍首不壞的一種方法。因此尼哥底母便去準備了很值錢的禮物，約有一百磅的沒藥與香料，作為薰沐耶穌屍體之用。耶路撒冷城最高貴的人，在死後的殯葬，諒必也不過如此了。那些卑微的門徒，看見了這幾位富貴官長這樣出力來葬埋他們的夫子，便都感到驚奇。

基督的死，使門徒們因悲哀而大萎縮。他們忘記了救主曾告訴過他們，這事是必有的；他們失去盼望了。在救主活著的時候，約瑟和尼哥底母雖是從來沒有公開地接受過祂，但他們卻都聽過祂的教訓，並留心注意祂一步一步所作的服務。這時，門徒們雖已忘記了救主預告自己死的話，但約瑟和尼哥底母卻是記得很清楚。耶穌受死時的一切景象，雖然讓門徒們灰心喪膽，搖動了他們信心；但卻向這兩位官長證明了祂是真彌賽亞，並使他們站立堅定，成為祂的信徒了。

這兩位富貴的人都出來幫助，在這個時候實在是極其需要的。他們能夠為這位死了的主作一番工作，這種工作是那些窮苦可憐的門徒們所辦不到的。他們溫和恭敬地親手將基督的屍體從十字架上取下來。他們見了耶穌身上的傷痕，眼中便很快地流出同情的淚來。約瑟曾為自己預備一個新的墳墓，鑿在磐石裏，但現時卻獻給耶穌用了。他們將耶穌的屍首用尼哥底母所買來的香料及細麻布包裹好，便抬進墳墓裏去了。那些猶太人雖然已經把基督處死了，但他們的心還是不能得到平安。他們很明白祂的大能。其中有幾位，先前曾站在拉撒路的墳墓前，看見過死人復活的事，所以他們就膽怯，恐怕基督親自要從死裏復活，再顯現在他們的面前。

他們曾聽見耶穌對大眾説過，祂有權柄捨去生命，又能再收回來。他們記得祂曾説過：「你們拆毀這殿，我三日內要再建立起來。」（約2：19）他們也曉得這是指著祂的身體而説的。猶大也曾告訴他們，基督在末次上耶路撒冷的時候，在路上和門徒所説的話：「看哪，我們上耶路撒冷去，人子要被交給祭司長和文士。他們要定祂死罪；又交給外邦人，將祂戲弄、鞭打、釘十字架上；第三日祂要復活。」（太20：18、19）

他們現在記起了許多耶穌所預言的論到祂復活的話。他們雖然是極其願意忘掉這些事，但卻是辦不到。他們正如同他們的父魔鬼一樣，一面相信，一面害怕。每一件事都向他們説明耶穌乃是上帝的兒子。他們睡不著覺，因為耶穌死了以後，比祂活著的時候，更使他們心中煩亂不安。

他們要盡所能地想要保守耶穌在墳墓中，因此便去請求彼拉多把墳墓封閉，並派兵看守三天。彼拉多派一隊兵交與祭司支配，並且説。「你們有看守的兵；去吧，盡你們所能的，把守妥當。他們就帶著看守的兵同去，封了石頭，將墳墓把守妥當。」（太27：65、66）

「祂復活了」

他們極其留心看守救主墳墓，在墓口用一塊大石堵住。在這石頭上還有羅馬官府的封條，若非揭開這封條，便不能挪移石頭。墳墓的周圍，有羅馬的兵丁看守。他們嚴密地看守著，免得有人妨害耶穌的屍首。有些兵丁不斷地在墳墓的前後走來走去，還有其餘的就在附近的地上休息。

耶穌戰勝死亡而從墳墓中出來了

但除了他們之外，還有一隊護兵保守墳墓，那就是天上降下的大能天使。在這一隊天使中，無論那一位，只要一施顯出他的權柄，便能打倒羅馬的全軍。

在七日的第一日之前的漫漫長夜，漸漸地消磨過去了。現在正是到了黎明之前的深夜之時。最有能力的天使之中，有一位從天而降。他的臉上如同閃電，他的衣服潔白如雪。他所經過的地方，黑暗就分開了。他的榮光也照亮了諸天。

那些睡著的兵丁驚醒了，開步要逃跑。他們驚奇地望著，諸天開了，那種光明的景象漸漸臨近他們。

當那位大能的天使從另一個世界下來之時，這地球便大大震動起來。他

帶著快樂的信息而來，他那飛行速度與能力使這地球撼動，好像大地震一樣。兵丁、官長及哨卒，都倒在地上像死人一樣。

在救主的墳墓左右，更還有一隊看守者，就是惡天使。那執掌死亡權柄的魔鬼，在看見上帝的兒子死了的時候，便宣佈祂的屍體已經成為他的戰利品了。那些屬於撒但的惡天使都來留神不讓甚麼勢力來將耶穌從他們的手中奪去。但是當這位從上帝寶座前所差來的大能者臨到的時候，他們卻驚駭逃走了。

這位天使把墳墓前的大石頭挪開，似乎是處理一塊小石子一樣。他隨即發出一種使地球震動的大聲音說：「上帝的兒子，耶穌，出來吧，祢的父親呼召祢！」

於是那獲得戰勝死亡與陰間之權柄的一位，便從墳墓中出來了。在裂開的墳墓上，祂宣佈說，「復活在我，生命也在我。」眾天使就俯伏跪拜在救贖主的面前，同唱讚美詩歌歡迎祂。

耶穌帶著勝利者的步伐，走了出來。在祂的面前，地震動了，有閃電發出，並有雷轟的聲音。在基督臨死的時候，有一場地震，在祂得勝死亡從墓中出來時，也有一場大地震。

撒但看見自己的使者，在天使來的時候紛紛逃散，便極其惱怒。他竟敢希望基督不能復活，以致救贖的計畫不能成功。但到了他看見救主從墳墓中勝利出來，他的一切希望便都消失了。撒但此時知道自己的國度終久必要滅亡，並且自己最後也要遭毀滅。

「去告訴我的門徒」

路加在記錄救主安葬的經過中，提到那在祂被釘十架時與祂同在的幾位婦女說。「她們就回去，預備了香料香膏。她們在安息日，便遵著誡命安息了。」（路23：56）

耶穌復活後向抹大拉的馬利亞顯現

救主被埋葬的時候，是在星期五，也就是一週的第六日。這幾位婦女預備了塗抹救主用的香料香膏，放在一旁，直到安息日過去。可見她們在安息日連薰塗耶穌屍體的工作也不做的。「過了安息日，……七日的第一日清早，出太陽的時候，她們來到墳墓那裏。」（可16：1、2）

她們走近墓園之時，便極乎驚奇，見到諸天發出美麗的光亮，又覺得地在自己的腳下震動了。她們急忙跑到墓前，越發駭異，發見那墓口的大石滾開，羅馬的兵丁也不在那裏了。

抹大拉的馬利亞是第一個跑到墓前的。她一見到墓石被移去了，便趕快跑去告訴眾門徒。及至其他幾位婦女來到了，她們注意到墳墓的四圍有光輝；她們往裏觀看，卻見到裏面是空的。

她們正在那裏躊躇的時候，忽然見到一位青年，衣服發亮，坐在墳墓旁邊。原來他就是那挪開石頭的天使。她們很是害怕，就想逃走，但那天使卻說：「不要害怕，我知道你們是尋找那釘十字架的耶穌。祂不在這裏，照祂所說的，已經復活了。你們來看安放主的地方。」

「快去告訴祂的門徒說：祂從死裏復活了；並且在你們以先往加利利去，在那裏你們要見祂。」（太28：5~7）

這幾位婦女再望墳裏一看，她們見到另有兩位發光的天使，向她們問道：「為甚麼在死人中找活人呢？祂不在這裏，已經復活了。當紀念祂還在加利利的時候，怎樣告訴你們說，人子必須被交在罪人手裏，釘在十字架上，第三日復活。」（路24：5~7）

於是天使就向她們講解基督的死與復活的事。又把基督生前所說的，關於祂被釘及復活的話，拿來提醒這幾位婦人。現在她們對基督的這些話完全明白了，她們抱著新的希望和勇氣，趕快跑去傳揚這喜樂的信息。

馬利亞剛才不在場，但現在卻和彼得約翰一同來了。當他們回到耶路撒冷之時，她還留在墳墓那裏。她要知道救主身體的下落，所以不忍離開那裏。當她站在那裏哭泣的時候，就聽見有聲音問她說：「婦人，為甚麼哭？你找誰呢？」

她的眼睛被眼淚蒙住，以致她沒有注意是誰對她說話。她想這位也許是看園的人，便請求他說：「先生，若是你把祂移了去，請告訴我，你把祂放在哪裏，我便去取祂。」

她以為那財主的墳墓是太尊貴，不肯讓救主葬在那裏，那麼，她自己便

要設去預備一個地方埋葬主。但是現在基督自己的聲音卻落在她的耳朵中了。祂說：「馬利亞」。

她立即擦掉眼淚，看見那位就是救主。她快樂得很，忘記了救主曾被釘過十字架，便伸手去摸祂，並說：「拉波尼（**拉波尼就是夫子的意思**）。」

於是耶穌便說：「不要摸我，因我沒有升上去見我的父。你往我弟兄那裏去，告訴他們說，我要升上去見我的父，也是你們的父；見我的上帝，也是你們的上帝。」（約20：15～17）

耶穌這時不肯接受祂子民的崇拜，直到祂曉得自己的犧牲確是蒙父悅納了。祂上升到天庭，從上帝那裏聽到保證，知道自己為人類的罪所作的救贖，已經有了豐富的成就，並且曉得藉著自己的血可以使萬民得永生。

天上地下一切的權柄，都賜給這位生命之君了。祂回到這罪惡的世上，到祂的門徒那裏，要將自己的權能和榮耀分給他們。

見證

在耶穌復活的那一天下午，太陽快要落山的時候，有兩個門徒往以馬忤斯去。以馬忤斯是一個小鎮，離耶路撒冷約二十四里路。他們對於最近發生的事，尤其是那幾個婦人的報告，說是見了天使，也是見到了復活的耶穌等等的話，很是感到惶惑。

在太陽落山的時候耶穌與兩位門徒到了他們的家

他們現在正是回家，要去默想和禱告，盼望可以得到一線光明，能夠點破這些莫名其妙的事。他們正在走路的時候，有一個陌生的人上來和他們同行。他們自己因為忙於談話，所以也就沒有注意祂與他們同行。

這兩位男子漢，因為心頭上的憂傷極其慘重，所以一面走路，一面哭泣。基督的愛憐之心，已經看出這裏有祂所能安慰的一種憂傷。

祂裝做一個陌生的人，開始和他們談話了。「只是他們的眼睛迷糊了，不認識祂。耶穌對他們說：「你們走路彼此談論的是甚麼事呢？」

「他們就站住，臉上帶著愁容。二人中有一個名叫革流巴的，回答說：

「祢在耶路撒冷作客，還不知道這幾天在那裏所出的事嗎？」

「耶穌說，甚麼事呢？他們說，就是拿撒勒人耶穌的事。祂是個先知，在上帝和眾百姓面前，說話行事都有大能。」（路24：16～19）

他們就將近日所發生的事講述出來，又將本日清晨到過墳邊之婦女的報告，重述一遍。隨後祂就說：「無知的人哪，先知所說的一切話，你們的心信得太遲鈍了。基督這樣受害，又進入祂的榮耀，豈不是應當的嗎？」「於是從摩西和眾先知起，凡經上所指著自己的話，都給他們講解明白了。」（路24：25～27）

這兩個門徒因為驚駭和快樂，便默不作聲，又不敢動問這位生人是誰。他們迫切地聽祂解說基督來到世上的使命。

倘若救主起頭就把本色顯給他們看，他們一知道是耶穌，那麼他們就要心滿意足，並在極其快樂中，也就不再多事考究了。但是他們卻需要明白舊約的一切表號和預言，怎樣已經預先提到祂的使命。他們的信仰必須建在這一切之上。基督不用神蹟來使他們信服，但是祂首要的工作，乃是解釋聖經。他們已經把祂的死，看為是他們一切希望的毀滅。現在祂卻從諸先知的預言中向他們指出，這乃是他們信仰最堅強的憑據。

在教訓這兩位門徒的時候，基督指出了舊約為祂使命作證的重要性。現今有許多人拒絕舊約聖經，說它是再沒有甚麼用處了。但這卻不是基督的教訓。基督是如此地重視舊約聖經，以致祂有一次曾說，「若不聽從摩西和先知的話，就是有一個從死裏復活的，他們也是不聽勸。」（路16：31）

在太陽落山的時候，門徒到了自己的家。耶穌「好像還要往前行。」但門徒卻捨不得離開這使他們得到快樂與希望的一位。因此他們便對祂說，「時候晚了，日頭已經平西了，請祢同我們住下吧。耶穌就進去，要同他們住下。」（路24：28、29）

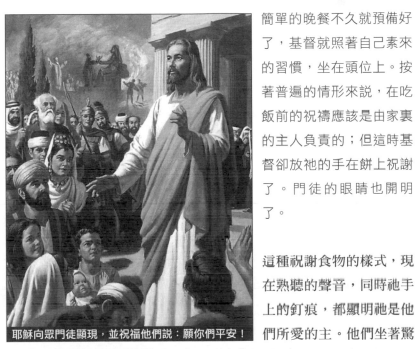
耶穌向眾門徒顯現，並祝福他們說：願你們平安！

簡單的晚餐不久就預備好了，基督就照著自己素來的習慣，坐在頭位上。按著普遍的情形來說，在吃飯前的祝禱應該是由家裏的主人負責的；但這時基督卻放祂的手在餅上祝謝了。門徒的眼睛也開明了。

這種祝謝食物的樣式，現在熟聽的聲音，同時祂手上的釘痕，都顯明祂是他們所愛的主。他們坐著驚呆了一會兒，於是就起來俯伏在祂足前，敬拜祂；但祂卻忽然不見了。

他們在歡樂之中，忘記了自己的飢餓與疲倦，立即撇下了還沒有嘗過的食物，匆匆地跑回耶路撒冷，去傳報救主復活的寶貝信息。他們正將這些事情告訴眾門徒的時候，基督自己也站在他們當中，舉手祝福，說：「願你們平安。」（路24：36）

起先他們很是害怕，但等到祂把手上和腳上的釘痕指示給他們看，又在

他們面前吃食物之後，他們就相信了，並且得到安慰。信心與喜樂的心，此時已換掉了他們不信的心，並且帶著言語不能形容的情感，他們現在承認他們復活的救主了。

在這次聚會中，多馬不在那裏。他對於救主復活的報告，不肯相信。但過了八天，當多馬也在那裏的時候，耶穌重向門徒顯現。這一次耶穌又把自己手足上的釘痕顯示給人看。多馬立時相信了，並喊著說，「我的主，我的上帝。」（約20：28）

基督又在樓上把聖經上提到自己的事講解給他們聽。隨後又告訴他們要從耶路撒冷起，直到萬國萬邦，奉祂的名去傳揚悔改和赦罪的福音。

在祂升天之前，祂對他們說：「但聖靈降臨在你們身上，你們就必得著能力，並要在耶路撒冷，猶太全地，和撒馬利亞，直到地極，作我的見證。」「我就常與你們同在，直到世界的末了。」（徒1：8；太28：20）

祂說，你們已經看見我為這世界而度的自我犧牲的生活；你們已經看見凡到我這裏來認罪的人，我都白白地接納。凡是願意的，都可以與上帝和好，並得著永生。

現在我要把這慈悲的福音，交託給你們，眾門徒；你們要把它傳給各國、各口音、各民族，去到天之涯地之極；須知我也要在那裏與你們同在。救主給眾門徒的使命，也是包括歷代以～於末日的信徒在內的。

不是人人都能對大眾講道；但人人卻都能為個人服務。凡是接待受苦受難的人，幫助窮乏的人，安慰傷心的人，並向罪人說明基督赦罪的大愛——凡此一切，都可以說是服務了。這一切乃是基督的見證。

升天

救主在地上的工作做完了，現在是到了歸回天家的時候了。祂已經得了勝，現在又要依舊坐在祂父親那光明榮耀的寶座旁了。

耶穌揀選橄欖山作為祂升天的地方。祂同十一位門徒一齊走上山去，但眾門徒卻不曉得這是末一次與他們的夫子相會了。在走路的時候，救主給他們離別的教訓。在分離之前，祂給他們那最寶貴的應許，這應許對於每一個基督的信徒是極其寶貴的：「我就常與你們同在，直到世界的末了。」（太28：20）

耶穌在橄欖山上升天

他們走過了山頂，到了伯大尼的附近，在這兒他們停住了。眾門徒都圍攏著他們的主。當祂用慈愛的心看顧他們的時候，祂的臉上似乎是發出了亮光來。從救主的口裏，吐出了最深刻最柔和的話語，這是他們所聽到的末後之遺言。

祂伸出手來祝福，慢慢地便從他們當中升上去。在祂上升的時候，這些驚駭的門徒，用緊張的眼光，對於他們升天的主作最後的瞻仰。有一片榮耀把祂接去了，他們便看不見了，同時他們也聽到從天使詩歌隊所發出極

其甜蜜與極其快樂的音樂。

當這些門徒還是注目向上看的時候，有聲音向他們說話，聽上去如同極美妙的音樂。他們轉過身來，就見到兩位天使，像人的樣式，對他們說：「加利利人哪，你們為甚麼站著望天呢？這離開你們被接升天的耶穌，你們見祂怎樣往天上去，祂還要怎樣來。」（徒1：11）

這兩位天使是屬於那來迎接耶穌回天家的一隊天軍。他們愛憐並同情這些被撇在地上的眾門徒，所以就留在雲端向他們保證說，這種離別並不是永遠的離別。

當門徒回到耶路撒冷的時候，眾百姓都驚奇地望著他們。在他們的夫子受審及釘死之後，大家都以為他們必是垂頭喪氣並感到羞愧了。他們的仇敵都預料要從他們的臉上看出一種憂傷與失敗的表情來。不料他們非但不如此，反而表示快樂與勝利，發出一種非地上所能有的歡樂容貌。他們並沒有對於失望表示悲傷，但乃是充滿著讚美及感謝上帝的心。

他們歡喜快樂，把基督從死復活及升天的奇妙故事傳揚出去，有許多人接受了他們的見證。

眾門徒對於前途不再疑惑不定了。他們知道救主是在天上，並且祂的同情心還是與他們同在。他們曉得祂是在上帝面前，藉著自己的寶血功勞而為世人代求。祂把自己受傷的手和腳指示給父看，作為祂已為自己贖回的子民付了代價的憑據。

他們知道祂還要與眾聖使一同再來，他們用大喜樂與希望之心想望到這回大事。當基督在橄欖山上從眾門徒的眼前升上去的時候，祂遇到一隊

天軍，歌唱快樂勝利的歌，來迎接護衛祂上升。

在上帝聖城的入口處，有無數的天使等候迎接祂。在基督臨近城門的時候，那些護衛祂的天使便用勝利的聲調來應和那班在天門迎候主的天使，說：「眾城門哪，你們要抬起頭來；永久的門戶，你們要被舉起；那榮耀的王將要進來。」

那些在門口迎接的天使便問道：「榮耀的王是誰呢？」

有無數的天使護衛耶穌升天

他們這樣說話，並不是因為他們不認？祂是誰，但乃是因為他們想要聽到那高歌頌揚之聲回答道：「就是有力有能的耶和華，在戰場上有能的耶和華。眾城門哪，你們要抬起頭來；永久的門戶，你們要把頭抬起；那榮耀的王將要進來。」

那迎候的天使們又問：「榮耀的王是誰呢？」

那些護衛的天使又用和諧悠揚的歌聲回答道：「萬軍之耶和華，祂是榮耀的王。」（詩24：7~10）於是上帝聖城的諸門都大大地敞開了，眾天軍便在高奏凱歌的音樂聲中一湧而進。天上的一切聖者都等候著，要尊敬這位歸來的元帥。他們等候祂升上去坐父的寶座。

但祂還不能接受那榮耀的冠冕與王袍。祂有一道陳情表要奏奉給天父，那表章中所提到的，是關於祂在地上所揀選的子民。直等到祂的教會在天上諸宇宙之前得稱為義並蒙上帝的悅納之後，祂才可以接受尊榮。

祂請求，無論祂在哪裏，祂的子民也可以在那裏。如果祂應當受尊貴榮耀，那麼他們也必須與祂一同享受。凡在地上與祂同受苦難的人，必要在祂的國度之中與祂一同作王。

為此緣故，基督為祂的教會請求。祂將自己的利益與他們的利益視為同一，並且祂具有比死還堅強的愛心與節操，要藉著自己所付的寶血來維護這特權與利益。

天父對於這個請求，便宣佈允許了：「上帝的使者都要拜祂。」（來1：6）

天軍中的眾首領，便歡喜快樂地推崇尊敬這位救贖主。無數的天軍俯伏在祂的面前，天庭一陣又一陣地響應這歡樂的凱歌：「曾被殺的羔羊，是配得權柄、豐富、智慧、能力、尊貴、榮耀、頌讚的。」（啟5：12）

基督的信徒，都是在愛子裏蒙悅納的。在天軍之前，天父允許了與基督所立的約，要接受悔改與順從的人們，要愛他們，像祂愛自己的兒子一樣。救贖主在哪裏，那蒙救贖的也必在那裏。

上帝的兒子已經戰勝了黑暗的君王，並得勝了死亡與罪惡。天上宣揚出崇高的聲音，說：「但願頌讚、尊貴、榮耀、權勢，都歸給坐寶座的和羔羊，直到永永遠遠。」（啟5：13）

復臨

我們的救主要再來。祂在世上與門徒分別之前，曾親自應許要再來。祂說：「你們心裏不要憂愁；……在我父的家裏有許多住處；……我去原是為你們預備地方去。我若去為你們預備了地方，就必再來接你們到我那裏去；我在哪裏，叫你們也在那裏。」（約14：1～3）

主也不使他們疑心到祂再來時的形狀。祂說，「當人子在祂榮耀裏，同著眾天使降臨的時候，要坐在祂的榮耀寶座上；萬民都要聚集在祂面前。」（太25：31、32）

祂審慎地警戒他們不要受迷惑：「若有人對你們說，看哪，基督在曠野裏；你們不要出去；看哪，基督在內屋中；你們不要信。閃電從東邊發出，直照到西邊；人子降臨也要這樣。」（太24：26、27）

這個警告也是對我們發的。現今有許多假教師正在說，「看哪，基督在曠野裏，」並且有千萬人到曠野，盼望能找到基督。

還有千萬人自稱是與死人的靈魂相交，他們說，「看哪，基督在內屋中。」這就是招魂術所發的宣言。但基督卻說，「你們不要信；閃電從東邊發出，直照到西邊，人子降臨也要這樣。」

當基督升天時，天使對門徒說，「你們見祂怎樣往天上去，祂還要怎樣來。」（徒1：11）祂帶著真體上升，眾門徒看見祂被雲彩接去。在祂再來時，也要坐在大白雲上面，「眾目要看見祂。」（啟1：7）

祂再來的確定時辰與日子，聖經中都沒有顯明出來。基督告訴門徒說，

祂再來的時辰與日子，祂自己也說不出來。但祂卻提到幾件事，使門徒可以因之而知祂的再來是迫近了。祂說，「日月星辰要顯出異兆。」（路21：25）祂還更清楚地提到，「日頭就變黑了，月亮也不放光，眾星要從天上墜落。」（太24：29）

論到地上情形，祂說，「地上的邦國也有困苦；因海中波浪的響聲，就慌慌不定。……人想起那將要臨到世界的事，就都嚇得魂不附體。」（路21：25、26）

「他們要看見人子，有能力，有大榮耀，駕著天上的雲降臨。祂要差遣使者，用號筒的大聲，將祂的選民，從四方，從天這邊，到天那邊，都招聚了來。」（太24：30、31）

救主又接著說，「你們可以從無花果樹學個比方：當樹枝發嫩長葉的時候，你們就知道夏天近了。這樣，你們看見這一切的事，也該知道人子近了，正在門口了。」（太24：32、33）

基督已經將祂再來的預言說明了。祂說我們可以知道祂是近了，已在門口了。當樹木在春天裏長葉之後，我們知道夏天是近了。照樣，當日月星辰的預言一出現了，我們便曉得基督的再來是近了。

這些預言已經出現了。在公曆1780年5月19日，日頭變黑暗了。歷史上稱這一日為「黑暗日」。在北美洲的東部一帶，黑暗得極其厲害，以致許多地方的人，在正午的時候都要點起燈燭來。直到半夜時，月亮雖是圓滿，但卻不發一點光亮。許多人都想到這是審判的日子已經到了。這種反自然的黑暗，直到現在還沒有人能說出令人滿意的緣故來，只有從基督所說的話中，才能使人明白其緣故。這次的日頭黑暗與月亮無

光，乃是基督再來的一個預言。

在公曆1833年11月13日的晚上，天星紛紛墜落的預兆應驗時之情形。

在公曆1833年11月13日的晚上，天星紛紛墜落，這種極其奇妙的景象，是人類從來沒有見過的。有千萬人又相信，審判的日子已經到了。

自從那時候起，地震、暴風、潮浪、瘟疫、饑荒及水災火災等等都大大地增多了。這些災禍以及各國的「困苦與慌慌不定，」都是宣告說，主來的日子是近了。基督又對那些得見這種種預言的人說，

「這世代還沒有過去，這些事都要成就。天地要廢去，我的話卻不能廢去。」（太24：34、35）

「因為主必親自從天降臨，有呼叫的聲音，和天使長的聲音，又有上帝的號吹響；那在基督裏死了的人必先復活。以後我們這活著還存留的人，必和他們一同被提到雲裏，在空中與主相遇；這樣，我們就要和主永遠同在。所以你們當用這些話彼此勸勉。」（帖前4：16～18）

基督是要再來，有大榮耀並駕雲而來。無數發光的天使要伺候祂。祂要來叫死人復活，並使存活著的聖徒變化，同得榮耀。

祂來是要叫那些愛祂並守祂誡命的人，得著尊貴榮耀，並使他們與祂同在，祂並沒有忘記他們，也沒有忘記了自己的應許。

那時家屬將要重新團圓。我們現今在見到家人死亡的時候，可以想到將來的復活之晨，那時上帝的號筒要吹響，「死人要復活成為不朽壞的，我們也要改變。」（林前15：52）

那個時候是近了。過不多時候，我們將要見到榮美的君王。過不多時候，祂將要從我們的眼中擦掉一切的眼淚。過不多時候，祂將要使我們「無瑕無疵，歡歡喜喜站在祂榮耀之前。」（猶24）所以主在提到祂自己再來的預言時，祂說，「一有這些事，你們就當挺身昂首；因為你們得贖的日子近了。」（路21：28）

審判的日子

基督再來的日子,就是審判世界的日子。聖經上說,「看哪,主帶著祂的千萬聖者降臨,要在眾人身上行審判。」(猶14)

耶穌再來審判世界之日,地上的萬族都要哀號切齒,一切物質都要被烈火燒化。

「萬民都要聚集在祂面前,祂要把他們分別出來,好像牧羊的分別綿羊山羊一般。」(太25:32)

但在那日未到之前,上帝警告人前途怎樣。在過去的時代,祂一向把將要來的審判,警告世人。有些人相信警告,並順從上帝的道。這等人避免了那臨到背逆與不信之人身上的刑罰。

在祂用洪水毀滅世界之前,上帝命令挪亞說:「你和你的全家都要進入方舟,因為在這世代中,我見你在我面前是義人。」(創7:1)挪亞順從,便得救了。在毀滅所多瑪城之前,有天使送信息給羅得,羅得也是轉告他的女婿們,「你們起來離開這地方,因為耶和華要毀滅這城。」(創19:14)羅得聽從這個警告,就得了救。

照樣,我們現在也是得到警告,知道基督第二次降臨和地球要被毀滅等等,凡是接受這警告的人,必將得救。在主降臨之日,義人要仰望祂,

並且喊叫說，「看哪，這是我們的上帝，我們素來等候祂，祂必拯救我們。」（賽25：9）

我們因為不曉得祂降臨的確定時日，所以主吩咐我們要儆醒。「主人來了，看見僕人儆醒，那僕人就有福了。」（路12：37）凡儆醒等候主來的人，不可懶惰地等待著。這種希望基督復臨的心，要使人懼怕上帝對於犯罪的審判，也要使人儆醒，並在自己破壞上帝誡命的罪上悔改。

我們一面儆醒等候主來，一面也要殷勤作工。既曉得主已近在門前，就應該格外熱切的去為自己同胞的救恩而作工。挪亞在洪水以前，將上帝的警告傳給眾百姓；照樣，現今一切明白上帝真道的人也應當傳警告給這時代的人民聽。

「挪亞的日子怎樣，人子降臨也要怎樣。當洪水以前的日子，人照常吃喝嫁娶，直到挪亞進方舟的那日；不知不覺洪水來了，把他們全都沖去；人子降臨也要這樣。」（太24：37～39）

挪亞時代的人，妄用上帝的賞賜。他們在吃喝的事上，成了貪食醉酒的人。他們忘記上帝，縱容自己，罪惡滿盈。「耶和華見人在地上罪惡很大，終日所思想的盡都是惡。」（創6：5）因為他們的罪惡甚大，所以那時的人便滅亡了。

現代的人也正是那樣，貪食、縱慾、無情義、行邪惡；全世界都充滿了罪惡。挪亞的日子，世界是被洪水毀滅的。聖經教訓我們，現今的世界將要被大火焚毀。

「當時的世界被水淹沒就消滅了；但現在的天地，還是憑著那命存留，

直留到不敬虔之人受審判遭沉淪的日子，用火焚燒。」（彼後3：5～7）

在洪水之前的人，譏誚上帝的警告。他們稱挪亞為瘋狂者。那時有學問的著名人物都說，挪亞所提到的洪水，乃是前所未有，並且也永遠不會有的。

當時的世界被水淹沒消滅了；但現在的天地，還是憑著那命存留，直留到不敬虔之人受審判遭沉淪的日子，用火焚燒。

現今的人很少注意上帝的話。他們都譏笑聖經的警告。許多人說「萬物與起初創造的時候仍是一樣，沒有甚麼可懼怕的。」正在這樣的時候，毀滅就要來了。正當人譏誚地發問，「主要降臨的應許在哪裏呢？」那些預言便都應驗了。「人正說平安穩妥的時候，災禍忽然臨到他們；……他們絕不能逃脫。」（帖前5：3）

基督宣告說：「若不儆醒，我必臨到你那裏，如同賊一樣；我幾時臨到，你也決不能知道。」（啟3：3）

現代的人仍是吃吃喝喝、栽種、建築、男婚、女嫁。商人仍是忙於做買賣。人們都是爭取高位。貪愛宴樂的人也是擁擠在戲院、跑馬廳及賭場裏，到處流行著令人興奮的現象；可是那得救的寬容日期快要完結了，慈悲的門也快要永遠關閉起來了。

救主曾給我們警告說：「你們要儆醒，恐怕因貪食醉酒並今生的思慮，

累住你們的心,那日子就如同網羅忽然臨到你們。」(路21:34)「你們要時時儆醒,常常祈求,使你們能逃避這一切要來的事,得以站立在人子面前。」(路21:36)

得救者的家鄉

基督再來的日子，只有惡人看為是毀滅的日子；但在上帝的子民及地球看來，卻是一個得救的日子。

上帝創造這個地球，本是作為人類的家鄉。亞當居住在創造者親自所美化的樂園中。雖然罪惡已經毀損了上帝的工作，但創造者還是沒有把人類丟棄；祂也沒有把自己對於這個地球的旨意取消了。

天使曾來到這個地上，傳送得救的信息，在山上和山谷中，都響應著他們快樂的歌聲。這個地上，也曾受過上帝兒子的足跡。在六千餘年以來，地球在各方面所顯出的美麗以及其維持萬物的生產，在在都證明了創造者的愛心。

這個地球將來脫離了罪惡的咒詛後，仍要作為人類的永遠家鄉。聖經上說：「上帝創造堅定大地，並非使地荒涼，是要給人居住。」（賽45：18）並且「上帝一切所作的，都必永存。」（傳3：14）

所以救主在山上教訓眾人的時候，祂說，「溫柔的人有福了，因為他們必承受地土。」（太5：5）

照樣，作詩者在古時也寫著說，「謙卑的人必承受地土，以豐盛的平安為樂。」（詩37：11）聖經上還提到說，「義人在世尚且受報，」「義人必承受地土，永居其上。」（箴11：31；詩37：29）

末日的大火要把「現在的天地」毀掉，但隨後將有「新天新地」出現。（彼後3：7、13）那時的天與地都變成新的了。

「上帝為愛祂的人所預備的，是眼睛未曾看見，耳朵未曾聽見，人心也未曾想到的。」（林前2：9）義人所要得的賞賜，不是人類的言語所能充分形容得出的，惟有那些親眼得見的人才能知道。我們也實在不能瞭解上帝樂園的榮美。

雖然這樣，但我們現今在地上仍可以略見一二，因為該種情景已由「上帝藉著聖靈向我們啟明了。」（林前2：10）聖經已將該樂土的美妙情景，描繪在我們的心中，真是寶貴極了。

那時天上的大牧者，要引領祂的羊群到生命的泉源，生命樹也要每月結出果子來，它的葉也可以供給萬國萬民使用。

那裏有常流不竭的小溪，清瑩像水晶一般，並且傍邊有碧綠的樹，蔭蔽著道路，這道路是預備給主所救贖的子民走的。那裏有廣闊的平原，華美的山谷，上帝的山聳起高頂。在那寧靜的境地，生命河濱，凡在世上長久流浪之旅客，將要得到一個美好的家鄉。

「我的百姓，必住在平安的居所，安穩的住處，平靜的安歇所。」「你地上不再聽見強暴的事，境內不再聽見荒涼毀滅的事；你必稱你的牆為拯救，稱你的門為讚美。」（賽32：18；60：18）

「他們要建造房屋，自己居住；栽種葡萄園，吃其中的果子。他們建造的，別人不得住；他們栽種的，別人不得吃；……我選民親手勞碌得來的必長久享用。」（賽65：21、22）

那時「曠野和乾旱之地，必然歡喜；沙漠也必快樂，又像玫瑰開花。」「松樹長出代替荊棘，番石榴長出代替蒺藜。」（賽35：1；55：13）

「豺狼必與綿羊羔同居，豹子與山羊羔同臥；……小孩子要牽引他們。」「在我聖山遍處，這一切都不傷人，不害物。」這是主耶和華説的。（賽11：6、9）

天使帶領著兒童遊玩

在那裏不再有眼淚，沒有喪事，也沒有誌哀標記。「也不再有悲哀、哭號、疼痛，因為以前的事都過去了。」（城內居民必不說，我病了；其中居住的百姓，罪孽都赦免了。）（啟21：4；賽33：24）

那榮美新地球的京都，是新耶路撒冷，「在耶和華的手中要作為華冠，在你上帝的掌上必作為記號。」「城的光輝如同極貴的寶石，好像碧玉，明如水晶。」「列國要在城的光裏行走；地上的君王必將自己的榮耀歸與那城。」（賽62：3；啟21：11、24）

主耶和華説，「我必因耶路撒冷歡喜，因我的百姓快樂。」「看哪，上帝的帳幕在人間；祂要與人同住，他們要作祂的子民，上帝要親自與他們同在，作他們的上帝。」（賽65：19；啟21：3）

在這新世界上，只有義人居在其中。「凡不潔淨的，並那行可憎與虛謊之事的，總不得進城。」（啟21：7）凡居住在新天新地中的人民，都必

尊重上帝的神聖律法。凡在世上遵守上帝誡命，忠心事奉上帝的人，將要與主同居。

「在他們口中察不出謊言來。」「這些人是從大患難中出來的，曾用羊羔的血，把衣裳洗白淨了。所以他們在上帝寶座前，晝夜在祂殿中事奉他；坐寶座的要用帳幕覆庇他們。」（啟14：5；7：14、15）

「耶和華的訓詞正直，……守著這些便有大賞。」（詩19：8～11）「遵守主誡命的人有福了，可得權柄能到生命樹那裏，也能從門進城。」
（啟22：14）

勵志叢書10

Christ Our Saviour

人類的救主

作　　　　者	懷愛倫（Ellen G. White）
特 約 編 輯	蔡書紳
董 事 長	胡子輝
發 行 人	周英弼
出 版 者	時兆出版社
客 服 專 線	0800-777-798
電 　 話	886-2-27726420
傳 　 真	886-2-27401448
地 　 址	台灣台北市105松山區八德路2段410巷5弄1號2樓
網 　 址	http://www.stpa.org/
電 子 信 箱	stpa@ms22.hinet.net
美 術 設 計	時兆設計中心邵信成
法 律 顧 問	統領法律事務所
電 　 話	886-2-23212161
台 灣 總 經 銷	東芝文化事業有限公司
電 　 話	886-2-82421523
地 　 址	台灣台北縣235中和市中山路2段315巷2號4樓
I S B N	978-957-29998-2-0
定 　 價	新台幣NT$200元
出 版 日 期	2004年12月30日　初版1刷
	2008年12月30日　初版2刷